Mühlan-Tip 5

Reif für die Insel

Was tun, wenn Kinder aufmüpfig, chaotisch und unehrlich sind?

Eberhard Mühlan

Mühlan-Tip 5

Schulte & Gerth

Bestell-Nr. 815 385
ISBN 3-89437-385-7
1. Auflage 1995
Umschlaggestaltung: Michael Wenserit
Umschlag- und Textillustration: Knut Thomas Adler
Satz: Typostudio Rücker & Schmidt
Druck und Verarbeitung: Ebner Ulm
Printed in Germany

Inhalt

Reif für die Insel?

Ich glaube, der Titel für diesen Ratgeber hätte nicht treffender formuliert werden können! Claudia und ich haben uns im Laufe unserer Familienjahre mehrmals „reif für die Insel" gefühlt: Nur einmal eine kurze Weile dem Lärm, dem Chaos und vor allem dem ständigen Gefordertsein entfliehen – möglichst auf eine weit entfernte Insel, wohin einem niemand so schnell folgen kann!

Doch so ein Urlaub hilft zwar, neue Kräfte zu sammeln, reicht aber noch lange nicht aus. Denn kaum ist man zurück, verfolgen einen die gleichen Probleme. Eltern brauchen langfristige Konzepte, wie sie die Alltagsquerelen mit ihren Kindern meistern können: Was tun, wenn Kinder aufmüpfig, chaotisch und unehrlich werden? Das haben sich Eltern bereits in allen Generationen gefragt (Ihre übrigens auch, als Sie in den Kinderschuhen gesteckt haben). Warum meinen junge Eltern bloß immer, sie würden von etwas ganz Neuem überrascht werden? Von einer Generation zur nächsten haben die Kinder auch nicht mehr neue Ideen, wie sie ihren Eltern das Leben schwer machen können. Die Konfliktpunkte sind doch immer wieder die gleichen, es gibt nicht viele echte Überraschungen. Sie können sich also vorbereiten, und dabei möchte ich Ihnen helfen. Ich werde auf bewährte Tips aus unseren Erziehungsbüchern zurückgreifen und neue Lösungsansätze erläutern.

Aufmüpfige Kinder? Da denken Eltern an Gossensprache, freche Antworten, Respektlosigkeit und Unbeherrschtheit.

Chaotische Kinder? Berge von Dreck im Kinderzimmer, verlotterte und zerrissene Klamotten, lange Gesichter oder chronische „Krankheiten", wenn einmal etwas erledigt werden muß, und ewiges Zanken und Streiten unter den Junioren, so umreißen harmonieliebende Eltern das häusliche Schreckensszenario.

Und unehrliche Kinder? Es geht wirklich an die Substanz, wenn ein Kind bei einer Lüge erwischt wird oder etwas mitgehen läßt. Nach so einem Vertrauensbruch kann man nicht einfach zur Tagesordnung übergehen. Die Wunde muß verheilen und Vertrauen wieder neu aufgebaut werden.

Viele Eltern wünschen sich einen konfliktfreien Familienalltag. Das ist leider eine Illusion! Immer, wenn Menschen eng zusammenleben, gibt es Mißverständnisse, Konflikte und Verletzungen. Anstatt einer „heilen Familie" nachzuträumen, ist es realistischer, die Gegebenheiten zu akzeptieren und Vorsätze für ein konfliktfähiges Zusammenleben zu fassen, in dem Probleme nicht verleugnet, sondern ausgesprochen und gelöst werden!

Das Familienleben ist in unserer modernen Gesellschaft komplizierter und schwieriger geworden. Nicht nur die äußeren, gesellschaftlichen Einflüsse rütteln an den Fundamenten, auch der innere Zusammenhalt kann nicht immer aufrechterhalten werden: Erzieht nur noch ein Partner oder kommen ein neuer Erziehungspartner und neue Geschwister hinzu, ist es einfach schwerer, Kontinuität in der Erziehung und eine gute Familienatmosphäre zu bewahren, als wenn beide Elternteile sich die Aufgabe in gegenseitiger Unterstützung und Achtung teilen. Es ist aber nicht unmöglich!

Die folgenden Ratschläge sind für Alleinerziehende, solche, die in eine Familie hineinheiraten, sowie Eltern von Pflege- und Adoptivkindern gleichermaßen nachvollziehbar.

Denn „reif für die Insel“ sind wir von Zeit zu Zeit alle und benötigen die gleichen Tips zum Überleben. Kennen Sie die Zufluchtsorte einer „Autonomie-Insel“ und die Checkpunkte einer „Beziehungs-Insel“? Nein? Dann sollten Sie dieses Buch unbedingt bis zum Ende lesen!

Ich muß Sie aber vorwarnen: Es wird auf den folgenden Seiten nicht nur um Ihre Kinder gehen, sondern auch um Sie: um Ihre Zeiteinteilung, Ihre Selbstbeherrschung, Ihren Erziehungsstil ...

Im Laufe unserer Familienjahre habe ich gelernt, daß in jedem aufmüpfigen Verhalten meiner Kinder auch eine Botschaft an mich enthalten ist. Diese Korrekturmöglichkeit möchte ich niemals übergehen.

Dieses Buch ist also nichts für Leute, die nur ein paar Tips bekommen möchten, wie sie ihre Kinder „in Schach“ halten können, sich aber sonst nicht weiter in ihren Lebensstil hineinreden lassen wollen.

Wenn Sie es ernst und aufrichtig mit Ihrem Familienleben meinen, werden Sie nach dieser Lektüre nicht „die Alten“ bleiben können!

Aufmüpfige Kinder

Wer ist schuld?

Was sind eigentlich „aufmüpfige" Kinder? Etwa die, die auf dem gepflegten Rasen Fußball spielen, obwohl der Hausmeister ein Schild „Spielen verboten" aufgestellt hat, damit die Mieter ihre Ruhe haben? Oder das Mädchen, das Ihnen die Zunge herausstreckt, weil Sie es aufgefordert haben, nicht auf dem Fußweg Fahrrad zu fahren? Oder die kleinen Besucher, die wie wild durch die Wohnung toben und gar nicht daran denken, sich an Ihre Familienregeln zu halten? Oder vielleicht Ihr eigener Sohn, der am Tisch einfach nicht stillsitzen kann und immer das letzte Wort haben muß?

Sie sehen, der Begriff „aufmüpfig" muß sehr differenziert betrachtet werden. In Gedanken bin ich viele Kinderszenen in meinem Umfeld und in meiner Familie durchgegangen, um den verschiedenen Ursachen auf die Spur zu kommen.

Mal sehen, ob Sie die nachempfinden können.

Rüde Erwachsene

Meiner Beobachtung nach ist aufmüpfiges Verhalten oftmals eine Reaktion auf rüdes, rücksichtsloses Auf-

SOLANGE DU DEINE BEINE UNTER MEINEN TISCH...
PAH!
KTA95

treten Erwachsener. Wie soll sich der kleine Knirps denn auch bemerkbar machen, wenn er am Samstagmorgen, eingekeilt zwischen vielen mürrischen und eiligen Erwachsenen, beim Anstehen um die Brötchen ständig übergangen wird? Oder wenn ein Arzt meine Tochter ungehalten anknurrt: „Stell dich nicht so an! Reiß deine Klappe auf!“? In solchen Situationen wünsche ich mir, daß ein Kind nicht seinen Kopf einzieht, sondern Wert darauf legt, daß seine Persönlichkeit respektiert wird.

Ich erlebe selbst häufig, daß aufmüpfig erscheinende Kinder sich in zuvorkommende Kavaliere verwandeln, wenn man ihnen nur höflich und zuvorkommend begegnet.

Schauen Sie Ihr Gegenüber direkt an, lächeln Sie ihm zu, signalisieren Sie aufrichtiges Interesse, nennen Sie Ihr Anliegen so zuvorkommend wie möglich, und Sie werden erstaunt sein, wie höflich auch das aufmüpfigste Kind reagieren kann. Kinder hungern nach Verständnis, Liebe und aufrichtiger Anerkennung. Und das gilt nicht nur für Ihre eigenen Kinder, sondern für jedes, dem Sie irgendwo begegnen!

Genervte Eltern

Unser Erwachsenenleben ist anstrengend. Die vielen Streßsituationen in Beruf und Haushalt zehren an unserer Energie – wenn dann ein Kind etwas will, fühlen wir uns oft ausgebrannt und wollen nur noch unsere Ruhe haben.

„Jetzt nicht, später vielleicht ...“

Wie soll ein Kind reagieren, wenn es diesen abweisenden Spruch zigmal am Tag hört? Immer schön verständnisvoll und zuvorkommend? Ganz normaler Spiellärm geht Ihnen plötzlich fürchterlich auf die Nerven, und Sie merken gar nicht, daß nicht die Kinder das Problem sind, sondern Sie selbst.

Da hilft nur eins: Den Wert der Familie neu erkennen, den hektischen Lebensstil umstellen und konsequent Prioritäten setzen, um einigermaßen entspannt auf die Kinder eingehen zu können! Kinder dürfen nicht als letzte auf der langen Liste von Verpflichtungen stehen!

Und wenn das nicht so schnell möglich ist: Einfach den Mund halten! Das ist meine Regel, wenn ich spüre, daß die Kinder mich aufregen, weil meine Nerven gereizt sind. Gedanklich lege ich dann eine Hand auf meinen Mund und ermahne mich: „Halt die Klappe, alter Junge!“

Meistens bekommt Claudia meine gereizte Haltung mit und signalisiert: „Du kannst dich ruhig heraushalten. Ich übernehme die Verantwortung.“ So etwas nennen wir „Stabwechsel“: Wenn einer zu geschafft ist, um eine Auseinandersetzung zu meistern, darf er sich heraushalten, und der andere mit den momentan stärkeren Nerven nimmt die Situation in die Hand.

Das klappt natürlich nur, wenn man als Ehepaar ein gutes Team ist.

Was tun, wenn man alleine erzieht? Da kann man die Verantwortung nicht einfach eine Weile abgeben und sich zurückziehen. Oder vielleicht doch?

Eine alleinerziehende Mutter hat mit ihren zwei Kindern im Familienrat geklärt, daß es für alle Beteiligten besser ist, wenn sie sich schnell und wortlos zurückzieht, sobald sie merkt, daß sie sich nicht mehr beherrschen kann. Lieber nebenan ein Kopfkissen traktieren als die Kinder. Für die Kinder ist so eine Flucht nicht unhöflich, sondern erleichternd – gleichzeitig haben sie die Gelegenheit, über ihren Anteil an der Auseinandersetzung in Ruhe nachzudenken.

Temperamentvolle Kinder

Es gibt Kinder, die schon allein temperamentsbedingt äußerst unruhig und aktiv sind. Das bekommt man schon im Säuglingsalter zu spüren: So ein Draufgänger schläft nachts nicht durch, spuckt den Brei immer wieder aus, und wenn ihm etwas nicht paßt, schreit er, daß die Wände wackeln. Eltern und Erzieher stöhnen zu Recht beim Umgang mit solchen Kindern. Mit ihnen klarzukommen ist wirklich schwerer als die „Handhabung" eines „pflegeleichten Engels".

Schielen Sie nicht auf die anderen, ach so braven Kinder und ihre erfolgreichen Eltern, sondern akzeptieren Sie den Temperamentstyp Ihres Kindes. Und kommen Sie sich bitte nicht als Versager vor; es gibt nun einmal leichter und schwerer lenkbare Kinder. Deshalb sind Sie kein schlechterer Pädagoge; die anderen hatten lediglich größeres „genetisches Glück".

Wappnen Sie sich mit Geduld und starken Nerven! Haben Sie sich einmal bewußt darauf eingestellt und die richtigen Maßnahmen in Ihre „Erziehungskiste" gepackt, können Sie mit dem Temperament Ihres Kindes leichter umgehen.

Auch wenn ich in den letzten Familienjahren sehr viel über Weitherzigkeit, Geduld und Kreativität gelernt habe – meine jüngste Tochter hat meine gesamte Lebensweisheit noch einmal auf den Prüfstand gestellt. Sie gehört nämlich zu den ganz Aktiven.

Hier eine kleine Szene aus einem Familienurlaub: Etwa eine dreiviertel Stunde lang waren wir auf eine kleine Fähre gepfercht, die zu einer Insel tuckerte. Was interessieren eine Zweijährige Wind und Wellen? Geschlagene fünfundvierzig Minuten sprang sie ununterbrochen von der siebten Treppenstufe in meine Arme, strampelte sich frei, kletterte die sieben Treppenstufen hoch, sprang in meine Arme, strampelte sich frei, kletterte die sieben Treppenstufen hoch ... Für meine Ausdauer erntete ich viele bewundernde Blicke; aber wenn ich mich nicht täusche, auch einige mißbilligende, weil ich den kleinen Racker einfach nicht zur Ruhe zwang. Aus Erfahrung wußte ich jedoch eins: Genau das wäre für dieses Temperamentbündel eine Kriegserklärung! Letztlich hat mich das Erdulden weniger Energie gekostet, als wenn ich ein schreiendes, zappeliges Kind mit Gewalt fünfundvierzig Minuten lang in eine „Zwangsjacke" gesteckt hätte.

Unerzogene Kinder

Mir begegnen aber auch Kinder, bei denen ich eindeutig den Eindruck habe, daß sie keine Anleitung in höflichen Umgangsformen bekommen haben. Sie sind einfach „un-erzogen". Diesen Kindern kann man wohl kaum einen Vorwurf machen, sondern man muß den Erziehungsstil der Eltern hinterfragen.

Manche machen sich einfach wenig Gedanken um die Erziehung, andere gehen davon aus, daß jedes Neugeborene einen „guten Kern" in sich trägt und deshalb nur mit Liebe gefördert werden muß, damit es sich zu einer ausgeglichenen Persönlichkeit entwikkelt. Die antiautoritäre Erziehung hatte sich diesen Idealen verschrieben und übt damit bis heute nachhaltigen Einfluß aus. Sie berücksichtigt allerdings nicht, daß Kinder selbstsüchtig und beherrschend sein können und Anleitung benötigen, um Maßstäbe, Werte und rücksichtsvolle Verhaltensweisen zu erlernen.

Kleine Tyrannen

Einige Kinder fordern ständig einen Machtkampf heraus, einfach weil sie keine konsequente Erziehung kennengelernt haben und kaum Grenzen kennen. Diese „kleinen Tyrannen“ kommandieren ihre Eltern herum und müssen ringsum alles beherrschen.

Paradoxerweise trifft dies gerade die „lieben“ Eltern, die sich aus innigster Überzeugung und aus Angst vor Fehlern ganz und gar dem Kind widmen. Diese Eltern wissen sehr wohl, daß ein Kind viel Geborgenheit benötigt, übersehen aber, daß dazu auch feste Grenzen gehören.

Jirana Prekop hat den Zusammenhang zwischen dem Verlust von Geborgenheit und der Herrschsucht treffend herausgearbeitet: „Das Kind kann bei einer schwachen und biegsamen Mutter nicht mehr die Geborgenheit, den Halt und die Orientierung finden.“[1]

Den Verlust der Geborgenheit empfindet es als Bedrohung und fühlt sich erst wieder sicher, wenn es seine Umwelt beherrscht.

In den Kleinkinderjahren werden entscheidende Weichen für ein zukünftiges harmonisches Familienleben gestellt. In Claudias Buch zur Kleinkind-Erziehung „Bleib ruhig, Mama!“[2] finden Sie viele Ratschläge, wie Sie Ihrem Kind Geborgenheit inmitten klarer Grenzen geben können.

Kinder ohne inneres Gleichgewicht

Die größte Gruppe „aufmüpfiger" Kinder sehe ich bei denen, die – aus welchen Gründen auch immer – ihr inneres Gleichgewicht verloren haben und nun ständig nach Anerkennung und Aufmerksamkeit suchen, um dieses seelische Vakuum zu füllen – leider oft auf die falsche Art, was ihnen schließlich noch mehr Isolation einbringt.

In unserer Gesellschaft gibt es ein Heer von Kindern, die unter der Gleichgültigkeit oder Hartherzigkeit ihrer Eltern leiden. Viele haben die Streitereien der Eltern und die Unfähigkeit, Liebe zu geben und zu nehmen, bis zum bitteren Ende – zur Trennung – miterlebt. Allein auf sich angewiesen, streifen sie tagsüber durch die Einkaufszentren oder hocken vorm Fernseher, um dann den Abend mit genervten „Rest-Erziehern" zu verbringen, die genug eigene Probleme haben.

Wen wundert's, wenn diese junge Generation am liebsten alles kurz und klein schlagen will?

Auf diese desolate Situation unserer Gesellschaft gibt es keine einfachen Antworten. Der Wert liebevoller Familienbeziehungen muß wieder erkannt und gefördert werden. Erziehung ohne Beziehung ist nun einmal nicht möglich! Die Hingabe von Vater und Mutter an ihre Kinder ist unbezahlbar! Ich möchte Sie ermutigen, das Beste in Ihre Kinder zu investieren und auch diejenigen Kinder nicht aus den Augen zu verlieren, die elterliche Liebe leider vermissen müssen.

Selbst wenn Sie in Ihrer Partnerbeziehung Schiffbruch erlitten haben und jetzt miterleben, wie Ihr Kind darunter leidet, ist es noch lange nicht zu spät.

Ich kenne genügend Alleinerziehende, die ihre Kinder – trotz aller Schwierigkeiten – zu eigenständigen Persönlichkeiten erziehen. Sie haben allerdings ihre Vergangenheit aufgearbeitet und die neue Situation bewußt angenommen.

Muß Höflichkeit geübt werden?

Eindeutig ja! Über Schimpfworte und Gossenausdrücke müssen Sie sich keine großen Gedanken machen; die übernehmen Kinder schneller, als Ihnen lieb ist. Zu einem aufrichtigen „Bitte“ oder „Danke“ kann jedoch jahrelanges Training gehören.

Zuallererst müssen Sie sich aber bewußt machen: Achtung und Respekt sind immer eine beiderseitige Angelegenheit! Manche Eltern machen es sich zu leicht. Wenn Sie mit Ihrem Kind nicht freundlich, beherrscht und zuvorkommend reden können oder wollen, warum sollten Sie es dann von ihm erwarten?

Ich habe mir einen eisernen Vorsatz gefaßt, nämlich nur Ausdrücke zu gebrauchen, die auch meine Kinder in den Mund nehmen dürfen! Damit werden Sie sich eventuell eine ganze Reihe von Ausdrücken von vornherein verkneifen, oder würden Sie sich gern mit „Blödmann“, „Dreckskerl“ oder Schlimmerem anreden lassen?

Dieser Vorsatz ist großartig und hilft enorm, einen gepflegteren Wortschatz zu entwickeln. Geben Sie Ihrem Kind durch Ihre Haltung und Ihre Worte allen

Anlaß, Sie lieben und schätzen zu können, und achten Sie dann darauf, daß in Ihrer Familie eine respektvolle Ausdrucksweise vorherrscht.

Die Bibel legt großen Wert auf Selbstbeherrschung und gegenseitige Achtung. Uns Eltern schärft sie ein, „Kinder nicht zum Zorn zu reizen“ (Epheser 6,4), und den Kindern gibt sie das Gebot mit, „Vater und Mutter zu ehren“ (Epheser 6,1).

Das alles hat einen triftigen Grund: Aus der kindlichen Beziehung zu den Eltern lernt der kleine Erdenbürger für alle Beziehungen zu anderen Menschen, Obrigkeiten und selbst zu Gott. Wenn er keine Achtung und keinen Respekt vor den Eltern hat (oder haben kann), wird es ihm schwerfallen, andere Personen zu respektieren.

Bei diesem Thema geht es also nicht nur um eine Formsache, sondern um die Entwicklung ganz wichtiger Persönlichkeitszüge. Sie möchten sicherlich, daß Ihr Kind einerseits selbstbewußt auftreten kann, dabei aber zuvorkommend ist und Achtung zeigt.

Wie Sie als Vater oder Mutter dem Kind gegenüber Wertschätzung ausdrücken und das Verhalten, das Sie ihm zugestehen, spielt bereits im Kleinkindalter eine ganz wichtige Schlüsselrolle. Beides, sowohl Wertschätzung als auch Grenzziehung, gehört dazu.

Ich kenne Eltern, die ihre Kinder aufrichtig schätzen, die lieblichsten Worte finden – und von ihnen trotzdem mit den ruppigsten Ausdrücken attackiert und herumkommandiert werden. Sie schreien ihre Eltern an: „Laß mich in Ruhe. Ich will nicht!“, schlagen sie mit ihren kleinen Fäusten oder kommandieren sie durch die Wohnung: „Mama, ich will meine Bauklötze! – Wo bleibt die Milch?“.

Oder, wenn sie etwas älter geworden sind: „Sind meine Jeans gewaschen?“, „Was ist denn das für ein Fraß?“

Und weil Mama mal gehört hat, daß man „Aggressionen zulassen muß, um gesund zu bleiben“, oder weil sie bereits eingeschüchtert ist und keinen weiteren Wutanfall ihres kleinen Tyrannen riskieren will, läßt sie alles über sich ergehen – in der Hoffnung, daß er sich später vielleicht ändert. Das ist allerdings nicht sehr wahrscheinlich.

Die richtige Herzenshaltung und vorbildliches Verhalten reichen bei manchen Kindern nicht aus! Sie brauchen darüber hinaus klare Belehrung darüber, welche Worte angemessen sind, und wenn das nicht ausreicht, müssen sie Konsequenzen kennenlernen, die die Grenzen abstecken.

Dieses Thema ist sehr wichtig für die Zukunft Ihres Kindes, denn wenn Sie Ihrem Vierjährigen nicht unmißverständlich klarmachen können, welcher Umgangston in Ihrer Familie angebracht ist, können Sie sich seelisch schon mal auf recht stürmische Teenagerjahre vorbereiten!

Meiner Beobachtung nach gibt es im Alter von vier und sechs Jahren meistens eine kritische Zeit, was den Umgangston betrifft. Mit wachsendem Wortschatz bringt das Kind unschöne Ausdrücke nach Hause und will testen, wie die Gossensprache bei Ihnen ankommt. Oftmals wird es die häßliche Bedeutung der Schmutz- und Schimpfwörter gar nicht richtig kennen.

Meine kleine Marie stellte sich einmal ganz resolut vor mich hin und brüllte: „Papa, du bist ein Schwein!“

Ich war mir ziemlich sicher, daß sie diesen Begriff

MAMA!!!
WO BLEIBT MEIN NACHTISCH?!
PENG
RASSEL

irgendwo aufgeschnappt hatte und sich der herabwürdigenden Bedeutung gar nicht richtig bewußt war.

Also reagierte ich gelassen, aber bestimmt: „Du, dieses Wort ist ganz häßlich, und manche sagen es, um andere zu ärgern. Wir wollen es nicht in den Mund nehmen!“

Das reicht häufig schon aus. Hilft das nicht, dann gehen Sie in die Knie, schauen Sie Ihrem kleinen Wortspezialisten direkt in die Augen und sagen: „Hör mal, hast du solche Ausdrücke schon einmal von mir oder Mama gehört? Nein? Dann gebrauche du sie bitte auch nicht. Sonst muß ich dir einen Klaps auf dein freches Mündchen geben!“

Es ist gar nicht so schwer, Achtung und einen höflichen Umgangston zu erhalten. Geben Sie Ihren Kindern immer Anlaß, Sie zu ehren, seien Sie stets ein gutes Vorbild, aber erwarten Sie auch, daß Ihre Kinder sich ebenso verhalten.

Fragen und Antworten

Unser sechsjähriger Sohn will einfach nicht Danke sagen. Selbst beim Metzger gibt er lieber die Wurstscheibe zurück, als daß er ein „Dankeschön“ über die Lippen bekommt. Meinen Mann regt das inzwischen so auf, daß er ihn nicht mehr in die Werkstatt läßt oder ihm etwas gibt, einfach weil der Junge sich nicht bedanken will. Was haben wir schon geredet und gestraft, aber er bleibt einfach stur. Neulich erzählte mir meine Schwägerin, daß mein Sohn sich bei ihr bedankt hätte, als er einen Lutscher bekam. Was soll ich davon halten?

Vorsicht, das Thema Höflichkeit kann auch übertrieben werden! Wenn Eltern eine Sache zu sehr betonen, kann das Ganze ins Gegenteil umschlagen. Ich vermute, Sie haben sich so sehr auf das Wort „Danke" fixiert, daß sich daran ein Machtkampf zwischen dem Junior und Ihnen entfacht hat. Darauf weist die Tatsache hin, daß er sich bei anderen bedanken kann.

Ich denke, Sie sollten das Thema in den nächsten Monaten etwas entspannter angehen. Mit Ihrer bisherigen Methode haben Sie nichts erreicht, und wenn Sie so weitermachen, riskieren Sie, daß die Beziehung zu Ihrem Sohn einen Knacks bekommt.

In Situationen, in denen Sie bisher ergebnislos ein Dankeschön erwartet haben, könnten Sie humorvoll fragen: „Na, freust du dich darüber?"

Er wird wahrscheinlich strahlenicken. „Dein Lächeln ist für mich wie ein Dankeschön", könnte dann Ihre Reaktion sein. Beim Metzger könnten Sie ihn leise fragen: „Soll ich für dich Danke sagen?" Aber Vorsicht, wenn „Danke" für Ihren Sohn schon zum Reizwort geworden ist, bei dem er das Visier wieder runterläßt. Dann verzichten Sie lieber darauf.

Wenn Sie die Spannung zwischen Ihnen abbauen und wieder zu einem wertschätzenden, nicht fordernden Miteinander finden, wird Dankbarkeit – ob nun ausgesprochen oder nicht – wieder zu einem gesunden Bestandteil Ihres Familienlebens werden.

Ist es nicht so, daß Mütter unter einem respektlosen Ton ihrer Kinder mehr zu leiden haben als die Väter? Ich meine, das in meinem Bekanntenkreis zu beobachten. Woran liegt das?

Ich teile Ihre Beobachtung, und frage mich selbst, woran das liegen mag. Vielleicht daran, daß Mütter meist mehr mit den Kindern zu tun haben und dadurch dem Alltagsärger stärker ausgesetzt sind als manche Väter. Vielleicht strahlt ein Mann durch Stimme und Körperbau auch mehr Autorität aus.

Aber wenn eine Mutter darunter leidet, wünsche ich mir, daß ihr Mann sich vor seine Frau stellt und seinem Sprößling deutlich macht, daß die Beleidigung der Mutter gleichzeitig die Beleidigung des Vaters bedeutet.

Einer unserer Jungen, etwa zwölf Jahre alt, war Claudia gegenüber sehr ausfallend. Daraufhin ging ich zu ihm ins Zimmer und stellte ihn zur Rede: „Sag mal, hast du mich jemals so mit Mutti reden hören, wie ich es eben von dir in der Küche mitbekommen habe?“ Verdutztes Kopfschütteln. „Und dann erlaubst du kleiner Knopf dir, meine Frau, die ich sehr liebe und für die ich alles tue, so zu beschimpfen? Mach das nicht noch einmal, sonst bekommst du es mit mir zu tun!“

Ich lächelte zwar dabei; trotzdem kam die Botschaft an, und es half ihm, den Ernst der Lage richtig einzuordnen und sein Mundwerk zu zähmen.

Natürlich sollen Sie Ihrem Kind immer die Gelegenheit geben und es dazu ermutigen, sich auszusprechen, auch und gerade über das, was ihm an seinen Eltern nicht gefällt. Aber Kinder – wie auch manche Erwachsene – müssen lernen, das in angemessenem Ton zu tun, und gebremst werden, wenn sie ausfallend werden.

Trotz Gebet und guter Vorsätze raste ich immer wieder aus. Hinterher tut es mir fürchterlich leid, ich entschuldige mich auch bei meinem Kind – aber haben Sie nicht noch ein paar Tips, wie ich meine Unbeherrschtheit besser in den Griff bekommen kann?

Denken Sie einmal an die letzten Wochen zurück und beantworten sich folgende Frage: „In welchen Situationen verliere ich die Beherrschung? Was sind die Auslöser, daß ich ausraste?“

Wenn Sie nämlich durchschauen, warum Sie unbeherrscht reagieren, können Sie das Verhaltens- und Gefühlsmuster eher durchbrechen. Vielleicht kann Ihnen eine gute Freundin oder Ihr Ehepartner bei dieser Selbstananlyse helfen. Außenstehende haben oftmals einen schärferen Blick für unsere Persönlichkeitsschwächen.

Einige Beispiele:

- „Mein Sohn widerspricht mit frechen Worten oder einem bestimmten Gesichtsausdruck. Schon steigt die Wut in mir hoch, und ich brülle los.“
- Oder: „Meine Tochter hat eine Aufgabe nicht erledigt. Ohne zu wissen, warum sie es nicht getan hat, rege ich mich maßlos auf und poltere los, sobald sie mir unter die Augen kommt.“
- Oder: „Wenn ich müde und abgearbeitet bin, bin ich besonders gereizt. Kleinigkeiten regen mich auf, und ich schimpfe beim geringsten Anlaß los.“

Zu diesen oder ähnlichen Antworten könnten auch Sie kommen, denn so lieb Kinder auch sein können, manchmal sind sie grausam, weil sie uns zur ungünstigsten Zeit zielsicher genau an unserer schwächsten Stelle treffen.

Wenn Sie durchschaut haben, wann Sie unbeherrscht reagieren, versuchen Sie diese Verhaltensmuster rechtzeitig zu durchbrechen:

- Verschieben Sie das Gespräch und beten Sie, wenn Sie spüren, daß Sie sich nicht mehr im Griff haben. Sagen Sie: „Ich möchte dich verstehen, aber ich bin jetzt zu frustriert. Laß uns nach dem Abendbrot weitersprechen."
- Nehmen Sie stets das Beste an, solange Sie nicht genau wissen, was gewesen ist, und bevor Sie loslegen, geben Sie Ihrem Kind Gelegenheit, sich dazu zu äußern. Das kann zu einem festen Verhaltensmuster werden: „Ich möchte zuerst wissen, was du dazu zu sagen hast."
- Bleiben Sie ruhig! Wenn es Ihnen hilft, sagen Sie: „Du, das regt mich alles fürchterlich auf, aber ich will ruhig bleiben und hören, was du dir dabei gedacht hast."
- Halten Sie strikt den Mund, wenn Ihnen die Situation total über den Kopf wächst, und lassen Sie – wenn irgend möglich – Ihren Ehepartner die Dinge regeln.
- Oder, wenn Sie allein erziehen, verlassen Sie den „Tatort", um wieder den nötigen Abstand zu gewinnen. Gehen Sie beispielsweise 20 Minuten an die frische Luft, und lüften Sie Ihre Gedanken und den Ärger (übrigens ein gute Gelegenheit, erstmal alles bei Gott abzuladen).

Chaotische Kinder

Berge von Dreck im Kinderzimmer, verlotterte und zerrissene Klamotten, lange Gesichter oder chronische „Krankheiten“, wenn einmal etwas erledigt werden muß, und ewiges Zanken und Streiten unter den Junioren – so umreißen harmonieliebende Eltern das häusliche Schreckensszenario.

Hier sieht’s aus wie im Saustall!

Das Thema Ordnung ist ein Dauerbrenner unter pflichtbewußten Eltern. Als erstes: Setzen Sie realistische Maßstäbe für Ordnung und Sauberkeit!

Eine Wohnung mit kleinen Kindern kann nicht so piekfein aussehen wie ein Vorzeigezimmer der Zeitschrift „Schöner wohnen“!

Ich bin Eltern begegnet, die bereits von Vierjährigen erwartet haben, ihr Kinderzimmer allein in Ordnung zu halten. Die Bauklötze mußten erst weggeräumt werden, ehe sie sich andere Spielsachen nehmen durften. Solche überzogenen Vorstellungen enden meist im Chaos oder mit „grausamem“ Drill.

Aber welche Erwartungen sind angemessen? Von einem Vorschulkind können Sie noch nicht verlangen, daß es sein Zimmer allein in Ordnung hält. Es ist besser, Sie tun das gemeinsam. Dabei können Sie das Kind motivieren, indem Sie zum Beispiel um die Wette mit ihm die Bauklötze, Legos, Autos usw. aufräumen.

Die Erwartung, daß ein Kind mit Beginn des Schulalters sein Zimmer allein in Ordnung hält, ist ein angemessenes Ziel. Sie können ihm das Aufräumen erleichtern, indem Sie Kisten übersichtlich in Regale stellen: hier eine für die Spielzeugautos, daneben eine für die Legosteine und noch eine für die Puppenkleidung. Dann wissen Kinder genau, wohin die Sachen gehören, und schon geht das Aufräumen flotter und einfacher.

Normalerweise reicht es, einmal am Tag – am besten abends – aufzuräumen und dann auch nur die Dinge, die wild herumliegen. Es wäre doch zu schade, die kunstvoll errichtete Legoburg zu zerstören.

Bei der Kleidung haben wir uns nach einigem Hin und Her auf eine eiserne Regel geeinigt: Keine Kleidung auf dem Fußboden! Dafür steht ein Stühlchen neben dem Bett. Das reicht.

Denken Sie daran: Alles muß erst einmal eingeübt werden. Und das geht am besten, wenn Sie dabei sind und mitmachen. Das beständige, regelmäßige Einüben von Ordnung in diesem Alter legt die richtige Spur für ein erträgliches Miteinander in den Teenagerjahren.

In der Pubertät kann es einen Einbruch geben: für manche ist sie ja durch die hormonellen Umstellungen gleichbedeutend mit Trägheit und Faulheit. Achten Sie darauf, daß Ihr Teenager trotz plötzlicher Schwächeanfälle seinen eigenen „Dreck“ stets selbst

SIEHT MAL WIEDER AUS WIE INNEM SAUSTALL!!
MÖBEL
KOLA
KARL APRIL

wegräumt. Wenn Sie jetzt nicht eisern darüber wachen, können später anstrengende und demütigende Zeiten auf Sie zukommen.

Wenn Ihr Kind sich Brote schmiert oder etwas in der Pfanne brutzelt, soll die Küche hinterher wieder so aussehen wie vorher, und wenn es im Wohnzimmer Zeitung liest, liegen hinterher keine Seiten auf dem Teppich herum ...

Bei uns muß das eigene Zimmer selbst in Ordnung gehalten werden. Claudia ist gern bereit, es eben mit durchzusaugen, wenn sie schon mit dem Staubsauger unterwegs ist. Aber wenn zuviel auf dem Boden herumliegt und sie nicht durchkommt, bleibt der Staubsauger demonstrativ im Zimmer stehen, als Aufforderung, den Teppich abzuräumen und selbst zu saugen.

Trotz eifriger Bemühungen der Eltern wird es immer Teenager geben, die nur unter Druck das Nötigste tun. Bei einem Sechzehnjährigen immer noch eisern darüber zu wachen, daß der Schreibtisch aufgeräumt, der Papierkorb leer und die Schmutzränder am Spiegel entfernt sind, wirkt beinahe lächerlich. Jetzt kann der richtige Zeitpunkt sein, dem Junior feierlich zu verkünden, daß Sie Ihre Erziehungsbemühungen zur Ordnung hiermit abschließen und ihm die alleinige Verantwortung für sein Reich überlassen. Aber dann halten Sie sich auch konsequent heraus – ohne Sticheleien oder heimliches Nachräumen. Angesichts der uneingeschränkten Freiheit packt manchen Teenager plötzlich Ekel vor dem Dreck im eigenen Zimmer, und er rafft sich freiwillig zu einer moderaten Ordnung auf. Daran können Eltern im Nachhinein erkennen, daß das Thema Ordnung doch mehr oder weniger ein Machtkampf war.

Mit welcher Altersstufe Sie sich zur Zeit auch herumschlagen, lassen Sie das Thema „Ordnung“ nicht zum Zündstoff Nr. 1 in Ihrer Familie werden – das ist sie bestimmt nicht wert.

Wie du wieder rumläufst!

Wenn Teenager in verlotterten und zerrissenen Klamotten herumlaufen, hat das vor allem zwei Gründe: Stiller Protest oder die Suche nach der eigenen Identität.

Die Kleinen lassen sich noch ohne großen Widerspruch nach den Modewünschen ihrer Eltern ausstaffieren – je nach Lebensstil aufwendig, modern oder einfach. Sie können sich eine Menge Probleme ersparen, wenn Sie von vornherein die eigenständige Persönlichkeit Ihres Kindes achten und es in Modefragen zwar beraten, aber doch seinen eigenen Stil finden lassen.

Das fängt schon im Vorschulalter an, indem Sie es zum Beispiel vor dem offenen Schrank suchen lassen, was es anziehen möchte. So können Sie auch erkennen, welche Geschmacksrichtung es vorzieht.

Findet es so seinen eigenen Stil, muß es sich später nicht mehr von dem seiner Eltern freikämpfen oder sich aus Protest absichtlich so kleiden oder verhalten, daß es Sie auf die Palme treibt. Man kann doch immer wieder das gleiche beobachten: Sind die Eltern sehr auf Äußeres bedacht, kann es sein, daß ihr Teenager bewußt schlampig auftritt, oder umgekehrt: Haftet den Eltern noch die Aura der 68er Jahre an – Latzhosen und lange Haare – dann, o Schreck, gebärden sich ihre Teenies plötzlich wie Modepuppen. Oder ist die große Schwester die Brave und Ordentliche, ist der jüngere Bruder garantiert ein kleiner Chaot – besonders, wenn ihm die Große schon jahrelang als Vorbild vor die Nase gehalten wurde.

Aber auch die Suche nach der eigenen Identität – dahinter verbergen sich so existentielle Fragen wie, „Wozu bin ich da?“, „Worin bin ich gut?“ und vor allem „Wer bin ich?“ – kann mitunter groteske Formen annehmen. Plötzlich überrascht Sie Ihre Tochter mit einer feuerroten Haarsträhne, oder Ihr Sohn will mit zerrissenen Jeans in den Gottesdienst. Das kann bei braven christlichen Eltern blankes Entsetzen auslösen und verleitet sie zu der Frage: „Was werden bloß die anderen von uns denken?“ Von diesem Denken sollten Sie sich ganz schnell lösen: Es geht jetzt nicht um die anderen, sondern um Sie und die Beziehung zu Ihrem Kind.

Es testet nämlich: „Na, wie sieht es aus mit der ‚bedingungslosen Liebe‘, die die Christen sich so gerne auf die Fahne schreiben?“

Ich finde es heldenhaft, wenn ein Vater sich demonstrativ neben seinen etwas schmuddeligen, mit einem Ohrring geschmückten Sohn stellt, während alle anderen mehr oder weniger deutlich die Nase rümpfen.

In den vergangenen Jahren habe ich gelernt, immer weniger auf Äußerlichkeiten zu geben und statt dessen mehr auf eine gute Herzensbeziehung zu achten. Gerade die Nörgelei an Äußerlichkeiten treibt Teenager aus Familien und Gemeinden. Bleiben Sie bloß gelassen! Signalisieren Sie, daß Sie Ihr Kind schätzen, ganz gleich wie es sich aufführt! Wenn Ihnen das

DARF ICH VORSTELLEN: MEIN SOHN!
SPITZE! PAPA STEHT VOLL HINTER MIR!
MUCH FUN IN THE SON

gelingt, wird Ihr Kind leichter durch diese wichtige und schwierige Lebensphase kommen.

Und vor allem: Unterscheiden Sie zwischen Haupt- und Nebenkampfplätzen! Wenn Sie bei Nebensächlichkeiten wie Kleidung, Frisur und unaufgeräumten Zimmern kämpfen, als ginge es um Ihr Leben, haben Sie nicht mehr genügend Munition für die wirklich ernsten Kämpfe.

Mußt du dich immer drücken?

Für mich ist klar: Hausarbeit ist nicht nur die Aufgabe meiner Frau. Jeder, der in einer Familie lebt, hat seinen Teil zum reibungslosen Ablauf beizutragen. Von einem „Hotel Mama“, in dem sich die Kinder von vorn bis hinten bedienen lassen, halten wir überhaupt nichts.

Denken Sie daran: Nicht nur Mädchen, auch Jungen tragen ihren Teil Verantwortung. Schließlich möchten Sie doch Ihren zukünftigen Schwiegertöchtern einmal in die Augen schauen können. Wie können Sie das, wenn Ihre heranwachsenden Jungen als kleine Paschas keinen Finger rühren müssen? Betrachten Sie die Hilfe Ihrer Kinder also nicht nur vordergründig als Arbeitserleichterung für Sie, sondern erkennen Sie die weitreichenden Folgen für die Persönlichkeitsentwicklung. Möchten Sie, daß Ihr Kind hilfsbereit, ausdauernd und selbständig wird, dann geben Sie ihm Aufgaben, an denen es diese Tugenden erlernen und anwenden kann. Der ideale Rahmen dafür ist die Mitarbeit in der Familie.

Ich will einmal umreißen, wie das in unserer Familie für die Kinder ab sechs Jahren aussieht: Einmal in der Woche hat ein Kind einen ganzen Tag Küchendienst. Mit der Einschulung werden sie in diese Aufgabe eingeführt. Dazu gehört, daß sie den Tisch vollständig decken, einschließlich Wurst- und Käseplatte, ihn nach dem Essen abräumen, das schmutzige Geschirr in den Geschirrspüler räumen und das saubere in die Regale und Schränke.

Die Kinder leeren die Papierkörbe in ihren Zimmern aus. Sie bringen ihre Schmutzwäsche an die Waschmaschine und räumen die saubere Wäsche selbständig in ihre Schränke ein. Die großen Mädchen (elf und vierzehn Jahre) sind allein für die Ordnung in ihrem kleinen Bad verantwortlich. Die Kinder halten ihr Zimmer eigenständig in Ordnung, putzen ihre Schuhe selbst und achten an ihrem Platz in der Garderobe auf Ordnung.

Allen Kindern ist klar, daß sie ihren Teil Verantwortung tragen, damit der Familienalltag reibungslos verläuft. Für uns ist dies von Anfang an ein klar formuliertes Erziehungsziel gewesen, und inzwischen ist es bei den Kindern tatsächlich zu einer nahezu selbstverständlichen Haltung geworden.

Trotz allem, achten Sie darauf, daß Sie Ihr Kind nicht überfordern. Den richtigen Maßstab zu finden ist nicht so einfach. Muß ein Mädchen zum Beispiel jeden Tag Küchendienst machen, ständig putzen und aufräumen, wird es nach unserem Ermessen zu stark beansprucht. Je nach Typ wird es entweder aufbegehren, die Aufgaben unwillig und schlampig durchführen oder immer langsamer werden und sich drücken.

Wir haben Familien beobachtet, in denen sich die Kinder so viel wie möglich außer Haus bewegen, denn jedesmal, wenn Mutter oder Vater eins erspähen, heißt es: „Ach, komm doch mal. Kannst du nicht mal schnell dies erledigen ...“, oder, „Paß mal auf deine kleine Schwester auf“, „Kauf mal schnell das ein“.

Eltern, besonders wenn sie so richtige „Schaffertypen“ sind, merken oft noch nicht einmal, daß sie ihre Kinder damit überfordern und sich entfremden.

Wir haben eine große Familie und ein großes Grundstück zu verwalten. Die Arbeit hört nie auf. Auf keinen Fall möchten wir in diese „Erwartungsfalle“ geraten, womöglich in dem Ausmaß, daß sich unsere Kinder verdrücken, wenn Papa oder Mama nahen, weil es dann „nach Arbeit riecht“. So haben wir in unserer Familienrunde klare Abmachungen getroffen. Zu den schon genannten, regelmäßige Hausarbeiten kommt noch ein wöchentlicher Arbeitsnachmittag für gut zwei Stunden, an dem der Hof gefegt, Laub geharkt, dem Unkraut zu Leibe gerückt oder ein gründlicher Hausputz gemacht wird oder was der Familienalltag sonst erfordert. Nun gut, darüber hinaus gibt es immer noch einige kleine, spontane Aufgaben – aber damit hat es sich. Der Rahmen der elterlichen Erwartungen ist klar abgesteckt. Die Kinder wissen, was sie zu tun haben.

Wenn wir so herumfragen, wie es mit der Hilfe der Kinder aussieht, stöhnen Mütter häufig: „Bei uns läuft es ganz chaotisch. Die Kinder maulen und sind nur unwillig bei der Sache. Am liebsten würde ich aufgeben und den ganzen Kram alleine machen.“

Geben Sie nicht auf! Ihre Kinder brauchen es für ihre Lebenstüchtigkeit, und Sie haben ein Recht auf diese Erleichterung. Eine Mutter ist nicht die Putzfrau der Familie. Ich hoffe nur, Ihr Mann sieht es auch so und unterstützt Ihre Position. Manche Hausarbeiten kann ein Junge nämlich besser von seinem Vater als von seiner Mutter lernen, gleichzeitig bekommt er schon Übung für sein eigenes späteres Familienleben.

Warum geraten sie sich bloß in die Haare?

Streit unter Geschwistern kennt wohl jede Familie. Er scheint genau wie die Schularbeiten und das lästige Aufräumen zum Tagesablauf zu gehören und kann dabei die Familienatmosphäre mächtig trüben.

Um kleines Gezänk sollten Sie kein allzu großes Aufheben machen. Also, schnell an der Kinderzimmertür vorübergehen, damit Sie nicht als Richter herangezogen werden können, denn Ihr Schlichtungsversuch könnte eventuell länger dauern, als wenn die Kontrahenten den Streit allein ausgetragen hätten. Ein Kind darf nicht immer nach Mama oder Papa schreien, es muß auch lernen, sich allein durchzusetzen, oder – wenn es sich schon auf einen Streit einläßt – zu verkraften, daß es mal den Kürzeren zieht. Das gehört zur Bewährung im Alltag dazu.

Wenn Sie allerdings beobachten, daß eins Ihrer Kinder bei diesen Auseinandersetzungen ständig verliert und sein Leben langsam zur Qual wird, dürfen Sie nicht locker darüber hinwegsehen, sondern müssen eingreifen und eventuell „Friedensregeln“ einführen, am besten in einem offenen Gespräch in der Familienrunde. Dabei können Sie folgende Absprachen treffen:

- *Keiner darf sich auf häßliche Weise über den anderen lustig machen!*
  Das kennen wir alle: Zuerst ist es noch spaßig, dann werden die Sprüche gemein, und schließlich fließen Tränen. Bevor es so weit kommt, müssen Mutter oder Vater ein Machtwort sprechen: „Schluß damit, jetzt wird es gemein. Denkt an unser Abkommen!“
- *Niemand geht ungefragt an den persönlichen Besitz des anderen!*
  Das eigene Kinderzimmer oder die eigene Zimmerhälfte mit Schreibtisch und Regal ist privates Territorium, das nicht verletzt werden darf. Wie schnell schnappt sich ein Kind ungefragt die Buntstifte des anderen, die zu seinen kostbarsten Schätzen gehören, und dann liegen sie verstreut in der Wohnung herum.
- *In unserer Familie wird keinem wehgetan!*
  Raufen und Balgen ist in Ordnung. Aber wenn die Schläge immer gemeiner und schmerzhafter werden, dürfen Eltern nicht tatenlos zuschauen, sondern müssen die Kampfhähne trennen und vielleicht eine Weile allein spielen lassen, damit sie den Wert des Zusammenspielens besser erkennen können.

Machtkämpfe und Gemeinheiten können sehr schnell Überhand nehmen, wenn es unter den Kindern kein geltendes Gerechtigkeitssystem gibt. Führen Sie also nicht nur „Friedensregeln“ ein, sondern achten Sie auch konsequent darauf, daß diese eingehalten werden. Wissen Kinder das, wird es in diesen Bereichen weniger Streit geben.

PSST!!
ICH HOFFE, DAß SIE SICH DIESMAL „AUßERGERICHTLICH" EINIGEN WERDEN!
MEINER
MEINER
MEINER
TAP TAP TAP

Vielfach stecken auch Eifersucht und Wettbewerbsdenken hinter Geschwisterrivalität. Ohne sich viel Gedanken zu machen, legen manche Eltern selbst die Grundlage für diese ewigen „Kabbeleien".

Ständig vergleichen sie ein Kind mit dem anderen – und das auf negative Weise: „Warum machst du deine Schularbeiten nicht so ordentlich wie dein Bruder?", „Kann dein Zimmer nicht auch einmal so aussehen wie das deiner Schwestern?", „Mach schneller, die anderen sind schon lange fertig!"

Hüten Sie sich vor solchen Vergleichen! Es liegt auf der Hand, daß sich ein Geschwisterkind dadurch minderwertig fühlt und auf das andere eifersüchtig wird oder in einen unguten Wettbewerb mit ihm tritt, um es doch zu übertrumpfen. Und schon haben Sie den deftigsten „Kinderkrieg".

Seien Sie in den folgenden drei Bereichen mit Gegenüberstellungen besonders zurückhaltend, denn da reagiert jeder sehr empfindlich – Sie als Erwachsene genauso wie Ihr Kind:

- besondere Fähigkeiten,
- Intelligenz,
- Aussehen.

Habe ich recht? Es sitzt doch wie ein Stachel in der Seele, wenn der Ältere nicht nur einmal, sondern häufig hört: „Unser Kleiner ist doch ein heller Kopf", oder sich die Verwandtschaft stets auf die kleine Schwester stürzt: „Ist sie nicht süß mit ihrem blonden Lockenkopf?", während ihr Bruder gar nicht beachtet wird.

Genauso verheerend wirkt es sich aus, wenn ein

Kind stets dem anderen vorgezogen wird. Bei Ihnen darf es kein Lieblingskind geben! Schon zu biblischen Zeiten hat es das gegeben – mit dramatischen Folgen. Denken Sie nur an das Ehepaar Isaak und Rebekka: Der Vater hatte den Wildfang Esau als Lieblingssohn, die Mutter den sanften Jakob. Später machte es Jakob wie sein Vater; er zog seinen Sohn Joseph vor, der dafür teuer bezahlen mußte.

Auch Ihnen kann es passieren, daß Sie ein Kind sympathischer finden als ein anderes. Vielleicht, weil es sich leichter lenken läßt oder stark in Ihre eigene Richtung schlägt – und schon kann sich Schritt für Schritt ein Familiendrama im Kleinformat entwikkeln.

Solche Empfindungen sind gar nicht so selten. Sprechen Sie sie nie vor den Kindern aus! Gestehen Sie sie sich selbst ein, aber bewahren Sie sie in Ihrem Herzen, denn wenn Sie solche Gefühle verdrängen, ist die Gefahr groß, sie in Streßsituationen doch preiszugeben.

Beten Sie, daß Gott Ihnen Liebe für alle Kinder gibt, und verhalten Sie sich gerecht und klug. Vor allem, beten Sie um Frieden in Ihrer Familie! Werden Sie aus Ihrer Beziehung zu Jesus heraus selbst ein „Friedensträger“, dann werden Sie die Atmosphäre in Ihrer Familie entscheidend beeinflussen.

Fragen und Antworten

Ihre Ratschläge zum „Ordnung halten“ hören sich gut an. Ich habe meinen Kindern genau erklärt, was ich erwarte – aber sie halten sich einfach nicht daran.

Fast nichts macht Eltern unglaubwürdiger, als Familienregeln einzuführen und sie dann nicht durchzusetzen – dann ist es besser, alles zu lassen, wie es ist.

Fragen Sie sich, ob Sie Ihre Kinder mit Ihren Erwartungen eventuell überfordert oder die Regeln nicht ausreichend eingeübt haben.

Kennen Sie schon die „Wochenlisten“, die wir in unserem Buch „Is’ was, Mama?“[4] ausführlich vorgestellt haben? Kopiervorlagen können Sie dem Anhang entnehmen. Diese Listen sind eine gute Hilfe, ein erwünschtes Verhalten – in diesem Fall Ordnung halten – ohne viel Geschimpfe gründlich einzuüben und Kinder für ihre Mühe gleichzeitig zu belohnen. Tragen Sie Ihre Erwartungen in die entsprechenden Felder ein, hängen Sie die Liste als ständige Erinnerung gut sichtbar über den Schreibplatz des Kindes, machen Sie konsequent Ihre Eintragungen, und lassen Sie das Kind seine Belohnungen einstreichen, beziehungsweise die abgesprochene Konsequenz „kosten“.

Unsere beiden Töchter sind sechs und acht Jahre alt. Anscheinend sind die beiden altersmäßig zu nahe, denn es gibt ständig Probleme mit Eifersucht. Besonders der Älteren fällt es unheimlich schwer, Zurechtweisungen zu ertragen oder Kritik anzuhören. Andererseits gibt es ständig Streit zwischen den beiden, so daß wir immer wieder eingreifen müssen. Tun wir das, knallen aber schnell die Türen, und die Ältere zieht sich eingeschnappt in ihre Ecke zurück. Sie hat auch große Probleme damit, beim Spielen zu verlieren oder eine neue Sache nicht gleich perfekt zu können und dann geduldig weiterzuüben. Die Kleinere nimmt das Leben leichter und tut sich scheinbar nicht so schwer mit diesen Dingen. Sie setzt die Große mit ihrem lokkeren Mundwerk sogar öfter erfolgreich unter Druck. Was können wir tun, um die Situation zu bessern?

Sie schneiden zwei Problembereiche an, mit denen die ältere Tochter nach Ihren Worten größere Probleme hat als die jüngere: Eifersucht und Korrekturunfähigkeit. Diese Problematik hat weniger mit dem Altersunterschied zu tun als mit Geschwisterfolge und Persönlichkeitsunterschieden. Auf beides möchte ich kurz eingehen.

In einer Zwei-Kind-Familie sind Geschwister stärker aufeinander angewiesen als in einer größeren Familie, in der sich Kinder ihre Spielkameraden eher aussuchen können. Unterscheiden sich die beiden dann auch noch stark in ihrem Temperament, wie offensichtlich Ihre zwei, geraten sie öfter aneinander. Man kann von so unterschiedlichen Geschwistern nicht erwarten, daß sie ständig harmonisch miteinander spielen. Eine Hilfe wäre, jedem Mädchen eine eigene Privatsphäre einzuräumen. Das muß kein eigenes Zimmer sein, aber doch eine optische Trennung mit einem eigenen Arbeits- und Spielbereich, an dem jedes ungestört seinen eigenen Interessen nachgehen kann. Wenn dann jedes Mädchen noch eine Freundin als Spielkameradin finden könnte, wären sie noch weniger aufeinander angewiesen.

Ein weiterer Grund für die starke Eifersucht zwischen den beiden Mädchen könnte darin liegen, daß sie um Ihre Liebe und Zuneigung kämpfen und die Ältere meint, sie würde benachteiligt. Auch wenn es objektiv nicht zutrifft, empfindet sie es vielleicht so. Hüten Sie sich vor Vergleichen, vor allem, wenn sie eins der Mädchen zurechtweisen oder kritisieren. Bei Geschwisterstreitigkeiten gerecht und vermittelnd einzugreifen ist besonders schwierig. Halten Sie sich lieber heraus, und mischen Sie sich nur ein, wenn die beiden handgreiflich werden.

Jedes Kind muß sich in seiner Position sicher fühlen und im gleichen Maße geschätzt und bestätigt wissen. Ältere haben es oft nicht leicht, weil sie stärker mithelfen, eher abgeben und Rücksicht nehmen müssen. Ein älteres Kind darf jedoch nicht nur Pflichten haben, sondern braucht auch altersgerechte Vorrechte. Das wird bei der jüngeren Schwester wahrscheinlich sofort Protest hervorrufen, aber die ältere in ihrer Position bestärken.

Darüber hinaus scheinen sich die beiden vom Typ her stark zu unterscheiden – ich habe den Eindruck, daß Sie sich stärker am Typ der Älteren als an dem der Jüngeren reiben. Wenn ein Kind sich jedoch in seiner Art nicht akzeptiert fühlt, kann sich sein Selbstwertgefühl nicht entfalten. Die Ältere ist offensichtlich sensibler und perfektionistischer als die Jüngere. Mit solchen Temperamentsanteilen umzugehen ist nicht einfach, aber sie haben auch ihre Vorzüge.

Achten Sie auf die positiven Züge Ihrer Tochter, und geben Sie ihr darin echte Anerkennung. Sie muß ihre Stärken kennen, um damit ihre Schwächen kompensieren zu können.

Meine Tochter bettelt ständig um die gleichen Turnschuhe oder Jeans, die ihre Freundinnen tragen. Ich weiß, in zwei Monaten ist dann das nächste Teil dran. Soll ich mich nun stur stellen oder ihr das Geld geben? Eigentlich tut sie mir leid, mit ihren dreizehn Jahren ist sie mitten in der Pubertät und hat kein hohes Selbstwertgefühl – das kann man ihr regelrecht ansehen.

In der Pubertät spielt der Einfluß Gleichaltriger eine enorme Rolle. Aufgrund der hormonellen Veränderungen und der persönlichen Unsicherheit suchen viele Teenies Halt bei ihren „Leidensgenossen". Außenseiter sein ist mit das Schlimmste, was einem Teenager passieren kann.

„Nur nicht auffallen", „bloß nicht allein dastehen" wird für Ihre Tochter wahrscheinlich der alles beherrschende Gedanke sein. Deshalb will sie auch unbedingt in den gleichen Klamotten herumlaufen wie alle anderen.

Eltern rätseln, wer da so plötzlich den Trend bestimmt: Eben noch verlottert und zerlumpt, und jetzt mit den teuersten Markenartikeln. Das erste geht an die Nerven und das zweite an den Geldbeutel!

Ein Teenager mit gesundem Selbstbewußtsein wird sich nicht so schnell unter Druck setzen lassen. Aber gerade damit hat Ihre Tochter ja zur Zeit zu kämpfen. Wenn Sie es sich leisten können, dann gewähren Sie Ihrer Tochter in dieser kritischen Phase ihrer Entwicklung diese Statussymbole. Hat sie diese Zeit erst einmal überstanden, wird das Leben wieder billiger. Der Erhalt des Selbstwertgefühls ist diesen Preis wert!

Wir haben nach Ihren Empfehlungen mit unseren Kindern feste Arbeitszeiten eingerichtet. Das läuft auch ganz gut. Trotzdem gibt es hin und wieder mehr zu tun. Ist es ratsam, sie für solche Extra-Arbeiten zu bezahlen, oder führt das nur dazu, daß sie zum Schluß für alles entlohnt werden wollen?

Gerade weil Sie feste Zeiten abgesprochen haben, zu denen Sie mit den Kindern arbeiten, begrüße ich es, wenn Zusatzarbeiten entlohnt werden. Die Sorge, daß Kinder dann für alles, was sie tun, eine Belohnung haben wollen, sehe ich eher in den Familien, in denen Kinder nur hin und wieder einmal mit zufassen müssen.

Ich schreibe Arbeiten, die wir an unserem gemeinsamen Arbeitsnachmittag nicht schaffen, regelrecht aus und bezahle sie. Das sind außergewöhnliche Leistungen, und wenn ein Kind bereit ist, seine Freizeit zusätzlich zu opfern, soll es dafür entschädigt werden. Da bei uns immer irgend jemand Geld braucht oder für etwas spart, habe ich keine Probleme, einen Freiwilligen zu finden.

Das kann dann so aussehen: „Hört mal, unser Auto hat wieder eine gründliche Wäsche nötig. Ich kann durch die Waschstraße fahren, das kann aber auch jemand von euch machen und sich das Geld dafür einstecken."

Allerdings sollte für das Geld ordentlich gearbeitet werden. Sie sollten kein „Auge zudrücken", wenn bei der Arbeit geschludert wird. Das wäre keine Erziehung zu gutem Arbeitsverhalten.

Unehrliche Kinder

Aufgelöste Eltern

Claudia und ich wundern uns schon, daß einer unserer Jungen nicht rechtzeitig aus der Schule nach Hause kommt. Besorgt schauen wir aus dem Fenster, als ein Polizeiwagen langsam in unsere Hauseinfahrt einbiegt.

„Der will doch nicht etwa zu uns?“ entfährt es mir. Da gehen schon die Wagentüren auf, und ein Polizist führt unseren Sohn zur Haustür ...

Es trifft tief, wenn ein Kind bei einer Unwahrheit ertappt wird oder etwas mitgehen läßt. Was tun bei einem Vertrauensmißbrauch wie Lügen oder Stehlen?

In unserer Familie mit so vielen Kindern unterschiedlichster Hintergründe – leibliche wie angenommene – blieben uns solche Situationen nicht erspart. Wir mußten eine Strategie entwickeln, um so ein Kind zu verstehen und ihm wieder auf den rechten Weg zu helfen.

Kommt es nur vereinzelt vor, ist es nicht so tragisch. Nicht gerade wenige Kinder versuchen sich das Leben auf diese Art leichter zu machen oder die Wahrheit zu vertuschen. Ich habe als Junge auch einige Male in die Haushaltskasse meiner Mutter gegriffen und ein paar Mark herausgenommen. Allerdings plagte mich schnell mein schlechtes Gewissen, so daß ich es ihr gestand.

Bei einer gut gewachsenen Beziehung reichen der Schreck, entdeckt zu sein, ein aufrichtiges Gespräch und eventuell eine angemessene Wiedergutmachung meist aus.

Lügt und stiehlt ein Kind dagegen häufig oder droht dieses Verhalten gar zur Gewohnheit zu werden, müssen die Eltern eingreifen. Aber Vorsicht: Harte Strafen behandeln nur die Symptome! Hinter solch einem Verhalten steckt mehr – bei dem Kind, den Eltern, im gesamten Familiengefüge!

Wenn Kinder lügen

Zunächst einmal zum Lügen – obwohl Sie vieles davon auch gleich aufs Stehlen übertragen können. Warum lügen Kinder? Versuchen Sie, zu verstehen, weshalb es zu der Lüge kam und welches Motiv dahinter steht.

- *Kinder lügen aus Angst vor Strafe.*
  Laut Umfragen unter Kindern soll dies das Hauptmotiv sein. Wenn Eltern zu hart reagieren, flüchten sich Kinder in Lügen, um einer Bestrafung zu entgehen.
- *Sie lügen, weil sie sich schämen und ihre Eltern nicht enttäuschen wollen oder weil sie zu stolz sind, Fehler einzugestehen.*
  Die Entsprechung dazu sind Eltern, die zu hohe Er-

DER APFEL FÄLLT NICHT WEIT VOM STAMM

wartungen stellen und ihren Kindern keine Fehler zugestehen.

- *Kinder sagen die Unwahrheit, weil sie sich einen Freiraum vor der elterlicher Aufsicht schaffen wollen.*
  Hier müssen sich die Eltern fragen, ob sie nicht zu enge Grenzen setzen und mehr Freiheit und Eigenständigkeit gewähren sollten.
- *Lügen kann zum Sport werden.*
  Wer schlau lügt und sich nicht erwischen läßt, wird oft von den Mitschülern bewundert.
- *Kinder lügen, um wichtiger und glanzvoller zu erscheinen.*
  „Im Urlaub sind wir auch für zwei Wochen nach Teneriffa geflogen ...“, obwohl Sie doch nur bei der Tante an der Ostsee waren.
- *Manche Kinder lügen, weil sie ein geringes Selbstwertgefühl haben oder um andere Defizite zu kompensieren.*
- *Manchmal sind Lügen ein Schutz vor unerträglichem Schmerz.*
  In Krisensituationen, zum Beispiel nach der Scheidung ihrer Eltern, lügen Kinder häufig und versuchen auf diese Weise, ihre Wunschvorstellungen auszudrücken. Sexuell mißbrauchte Kinder leugnen die Vorfälle, weil die Erinnerungen zu schmerzhaft sind. Lügen sind deshalb häufig ein Hilferuf, den Eltern nicht überhören dürfen!
- *Kinder lügen, weil sie im geistlichen Spannungsfeld zwischen Gut und Böse stehen.*
  So umschreibt es die Bibel: „Denn das Gute, das ich will, übe ich nicht aus, sondern das Böse, das ich nicht will, das tue ich.“ (Römer 7,19)

Phantasie oder Wirklichkeit?

Unsere vierjährige Marie behauptet steif und fest: „Im Garten habe ich Elefanten gesehen!" und läßt es sich von niemandem ausreden. Ein anderes Kleinkind beharrt: „Die Schokolade? Die hat der Hund gefressen!"

„Sind das nun handfeste Lügen?", „Muß man da nicht den Anfängen wehren?" fragen sich besorgte Eltern. Viele Psychologen sind sich darüber „einig, daß ein Kind bis ins Vorschulalter kaum trennen kann zwischen dem, was wirklich ist, und dem, was es in seiner Phantasie erlebt. Dies ist ein wichtiger Unterschied zwischen kindlicher und erwachsener Phantasie. Die Vermischung von Phantasie und Realität kann auch den Eindruck entstehen lassen, daß ein Kind viel lügt. Man muß sich jedoch dessen bewußt sein, daß die Phantasiebilder für das Kind dieselbe Bedeutung wie die Wirklichkeitsbilder haben. Erst mit vier Jahren wächst langsam das Bewußtsein, daß die wirkliche Welt und die Phantasiewelt nicht identisch sind. Man nimmt an, daß ein Kind von ungefähr sieben Jahren ein Gefühl für den Unterschied von Realität und Phantasie entwickelt hat."[5]

Eltern müssen diese kindliche Wahrnehmung unbedingt berücksichtigen und dürfen nicht zu streng reagieren.

Diese Art „Schwindeln" darf man nicht mit späteren Lügen verwechseln, wenn ein Kind genau weiß, daß es nicht die Wahrheit sagt. Allerdings braucht das Kind behutsame Hilfe, die Welt nach den Gesetzmäßigkeiten der Wirklichkeit zu ordnen. Praktisch heißt das, daß Sie die kindlichen Phantasien zwar nicht unterdrücken oder gar als Lüge bestrafen, aber auch nicht übermäßig bestärken und beachten. Die Phantasie-Lüge sollten Sie gelassen bezweifeln und den wahren Sachverhalt nennen.

Die ewigen „Geschichten-Erzähler"

Auch einige ältere Kinder erzählen die tollsten Geschichten; das ist mir neulich bei der Klassenkameradin eines meiner Mädchen sehr schmerzlich aufgefallen. Ich kenne es aber auch aus der Anfangszeit mancher unserer angenommenen Kinder.

„Prahlende Lügenkinder sind oft enttäuschte und entmutigte Kinder. Sie trösten sich mit sich selbst, fangen an zu träumen und zu phantasieren und stellen sich in den Mittelpunkt ihrer eigenen Wünsche. Je weniger sie anerkannt werden, je schlechtere Arbeiten sie schreiben, je weniger die Eltern und Lehrer mit ihnen zufrieden sind, desto intensiver fliehen sie aus der bösen Welt in eine Scheinwelt."[6]

Wenn Sie so ein armes Geschöpf in Ihrem Bekanntenkreis oder Ihrer Familie haben, dann machen Sie das „Geschichten erzählen" am besten nicht zum Problem, sondern bemühen Sie sich lieber, das Kind liebevoll und humorvoll zu entlarven. Es muß einfach wissen, daß es Sie nicht an der Nase herumführen kann, und vor allem muß es erfahren, daß Übertreibungen und Lügengeschichten nicht nötig sind, um von Ihnen geliebt und anerkannt zu werden. Sie könnten zum Beispiel sagen: „Du brauchst nicht zu übertreiben und großzutun, ich hab' dich auch so gern ..."

Gleichzeitig sollten Sie nach Wegen suchen, wie

Sie das angeknackste Selbstwertgefühl dieses Kindes stärken können. Jeder Mensch hat Stärken und Schwächen. Malen Sie dem Kind seine Stärken vor Augen, und helfen Sie ihm, darin Erfolg zu haben. So können Schwächen durch Betonung der Stärken kompensiert werden.

Erst denken, dann sprechen!

Manchen Kindern rutscht eine Unwahrheit allerdings ganz schnell über die Lippen – ich meine solche Sprößlinge, die erst sprechen und dann anfangen zu denken.

„Na, na, denk erst einmal nach!" könnten Sie erwidern. Meistens bekommt es dann einen roten Kopf und besinnt sich schnell auf den wahren Sachverhalt.

Ich habe gelernt, solchen Kandidaten möglichst wenig Fragen zu stellen, die vorschnell mit einem gedankenlosen „Ja" oder „Nein" beantwortet werden können. Vor dem Essen zu fragen: „Hast du dir die Hände gewaschen?" könnte verhängnisvoll werden.

Ich sage lieber: „Geh bitte deine Hände waschen!"

Sollte es tatsächlich schon geschehen sein, kommt gehöriger Protest. Wenn nicht, geht's ab ins Bad, ohne daß etwas Unüberlegtes über die Lippen kommen konnte.

Hartnäckige Leugner

Schwieriger wird es, wenn ein Kind bewußt die Wahrheit verschweigt. Dann müssen Sie sich aufrichtig fragen: „Warum leugnet es nur so hartnäckig? Spielt meine Haltung dabei etwa auch ein Rolle?"

Gehen Sie unbedingt die Liste der Ursachen für Lügen (S. 48ff.) noch einmal durch. Denn wenn Sie das Motiv erkannt haben, können Sie wesentlich gerechter und einfühlsamer reagieren.

Es ist doch ein Unterschied, ob ein Kind seinen Eltern eine schlechte Klassenarbeit verschweigt, weil es zu faul zum Lernen war, oder weil es einfach keine besseren Zensuren zuwege bringen kann.

Sprechen und verhalten Sie sich so, daß das Kind ehrlich sein kann – das heißt, nicht demütigend, angstmachend oder unbeherrscht.

Viele Kinder schweigen verbissen oder flüchten sich in Lügenketten, weil sie sich vor harten Strafen fürchten oder die Unbeherrschtheit ihrer Eltern zu oft zu spüren bekommen haben.

Bei einem freiwilligen Eingeständnis und aufrichtiger Reue sollte eine Konsequenz immer wesentlich leichter aussehen oder sogar wegfallen, als wenn uneinsichtig geleugnet wird. Einige unserer Jungs – wir haben vier in enger Altersfolge – stellten im Grundschulalter sehr viel an, und ich mußte immer wieder besonnen die Regeln klargestellen: „Hört mal, jeder macht mal etwas verkehrt, auch Papa. Das gehört im Leben zum Lernen dazu und ist noch nicht das Schlimmste. Aber dieses Lügen! Wenn du dich zu deiner Tat stellst und von dir aus zu mir kommst, um es einzugestehen, dann wirst du einen ganz anderen Vater erleben, als wenn ich dich – wie ein Kriminalkommissar – nach vielem Leugnen entlarven muß."

Glücklicherweise haben unsere Wildfänge das kapiert. Wie oft stand einer von ihnen mit hängenden Ohren am Gartentor und wartete sehnsüchtig auf mich: „Du, Papa, mir ist da was passiert ..."

SHERLOCK „HOME"

„Mein Junge, gut, daß du von selbst gekommen bist, erzähl mal ...“

Wissen Sie, wie mir zumute war? Trotz des angerichteten Schadens war ich glücklich, daß das Gewissen des Übeltäters funktionierte, und ich dankte Gott für die Aufrichtigkeit meines Sohnes. Denn Schuld eingestehen, sie wieder gutmachen wollen und Aufrichtigkeit gehören zu den größten Tugenden im Leben.

Ein Scherbenhaufen

Einem Kind muß aber auch die Tragweite eines Vertrauensbruchs deutlich werden: Fast immer ist Lügen schlimmer als die Missetat, die verheimlicht werden soll. Meist geht dabei mehr kaputt, nämlich das kostbare Vertrauen.

Ein Vater illustrierte seinem Sohn, der ihn belogen hatte, einmal folgendermaßen, wie schwer verlorengegangenes Vertrauen wiederhergestellt werden kann: Er nahm eine Tasse und ließ sie auf die Küchenfliesen fallen. Entgeistert starrte der Junge auf die Scherben.

„Mit dem Vertrauen ist es wie mit dieser Tasse“, meinte sein Vater. „Nun ist sie zerbrochen. Versuche einmal, diese Teile wieder aneinanderzufügen. Dann wirst du verstehen, wie wichtig es ist, Vertrauen zu pflegen und nicht zu brechen.“

Das Sprichwort: „Wer einmal lügt, dem glaubt man nicht, auch wenn er mal die Wahrheit spricht“ entspricht leider den Alltagserfahrungen. Das zerstörerische Mißtrauen, das in den Eltern nagt und es ihnen so schwer macht, ihrem Kind wieder zu vertrauen, bleibt. Aber Lügen dürfen niemals das Ende des Vertrauens bedeuten, es muß immer wieder ein neuer Anfang möglich sein, sonst fühlt sich ein Kind dauerhaft als Versager. Neues Vertrauen wird es dagegen bestärken, künftig ehrlicher zu bleiben.

Oft genug mußte ich meine Last im Gebet bei Gott abladen, um meinem Kind eine neue Chance geben zu können – so, wie mein himmlischer Vater mir auch stets einen Neuanfang gewährt, wenn ich ihn um Vergebung bitte.

Wenn Kinder stehlen

Eltern sind zu recht betroffen, wenn sie ein Kind beim Diebstahl erwischen – ob es die Süßigkeiten der Geschwister sind, Geld aus der Haushaltskasse oder gar Gegenstände aus einem Geschäft.

Wie beim Lügen müssen Sie versuchen zu verstehen, warum es zu dem Diebstahl kam und welches Motiv dahinter steht. Da jedes Kind anders und jede Situation wieder neu ist, gibt es keine einfachen Antworten. Bitte, lassen Sie sich nicht von Angst oder Ablehnung übermannen. Strafe und Liebesentzug allein werden das Problem nicht lösen. Ihr Kind braucht Wegweisung und Hilfe.

Dies sind mögliche Ursachen:

- *Ein Ausrutscher*
  Für nicht wenige Kinder ist Diebstahl ein Ausrutscher, und sie lernen daraus, sich die Finger künftig nicht zu verbrennen. Normalerweise müssen Eltern erst alarmiert sein, wenn es öfter vorkommt, das Kind keine Einsicht zeigt und sich verschließt.

Beim ersten Mal sehr verachtend und hart zu reagieren kann die Sache nur verschlimmern.

- *Ein Defizit an Liebe und Verständnis*
  Das muß man vermuten, wenn ein Kind haufenweise gestohlene Süßigkeiten futtert.
- *Ein Bedürfnis nach Anerkennung und Geltung*
  Wenn ein Kind Geschenke oder gestohlene Süßigkeiten an Spiel- oder Schulkameraden verteilt, versucht es möglicherweise, sich dadurch Anerkennung, Beachtung oder Freundschaft zu erkaufen.
- *Der Wunsch, mithalten zu können*
  Kinder, die von ihren Eltern finanziell kurz gehalten werden, geraten beim Umgang mit verschwenderischen Kameraden leicht in Versuchung, ihren Lebensstil illegal anzuheben.
- *Verwöhnung oder mangelnde Selbstkontrolle*
  Ein Kind, das daran gewöhnt ist, alles zu bekommen, wird, wenn sein Wunsch nicht sofort erfüllt wird, schneller etwas Unerlaubtes mitgehen lassen, als ein Kind, das Selbstbeherrschung und Verzicht gelernt hat.
- *Gruppendruck*
  Mancher, der wirklich ehrlich bleiben wollte, kann so stark auf die Anerkennung Gleichaltriger angewiesen sein, daß er bei Streifzügen durch die Schrebergärten oder bei Kaufhausdiebstählen mitzieht, nur um nicht als Außenseiter verachtet zu werden.
- *Das geistliche Spannungsfeld zwischen Gut und Böse*
  Nicht immer müssen Sie die Gründe bei sich selbst oder anderen suchen. Ein Kind kann sich selbst bei vorbildlichen Eltern und gutem Umfeld für das

Böse entscheiden – einfach, weil in jedem Menschen ein Hang zur Sünde steckt.

Was auch die Ursache sein mag, lassen Sie sich nicht zu unüberlegten Handlungen und Beschuldigungen hinreißen. Vermeiden Sie jede Bloßstellung vor anderen, und achten Sie die Würde des Kindes. Nur wenn Sie besonnen bleiben, können Sie seine wahren Motive erfahren.

Ein Telefonanruf reißt mich aus meiner Mittagsruhe. „Hier ist der Geschäftsführer von ‚Inter-Spar'. Unser Hausdedektiv hat Ihren Sohn beim Diebstahl ertappt. Können Sie vorbeikommen und ihn abholen?"

Die paar Minuten Autofahrt zum Supermarkt lege ich wie benommen zurück, ohne einen klaren Gedanken fassen zu können. Die Übergabeprozedur ist kurz. Auf eine Anzeige wird verzichtet, weil der Täter noch zu jung ist.

Dann sitzt er hinter mir im Auto, und ich schweige eine ganze Weile. Schließlich frage ich beherrscht: „Magst du mir erzählen, wie es dazu gekommen ist?"

Und dann kommt eine Geschichte zutage, die mein Junge mir sicherlich nicht gestanden hätte, wenn ich ihn wutschnaubend zusammengestaucht oder gar geschüttelt hätte. Schon seit Wochen wurde er von einer Gang in einer höheren Klasse eingeschüchtert und bedroht: „Du besorgst uns Zigaretten, sonst bekommst du Schläge. Und wenn du jemandem etwas erzählst, machen wir dich platt." Zur Bekräftigung hielten sie ihm ein Messer unter die Nase.

Das war eine ganz andere Situation, als ich vermutet hatte. Unvorstellbar, wenn ich ihn nicht zu Wort kommen lassen und womöglich auch noch hart bestraft hätte. So brauchte er dringend meine Hilfe. Ich informierte den Schulleiter, und da er mir keinen Schutz vor den älteren Schülern versprechen konnte, meldeten wir unseren Jungen umgehend bei einer anderen Schule an.

Eine Strategie

Im Laufe der Jahre habe ich mir aus einschlägigen Erfahrungen folgende Gedankenschritte eingeprägt:

- *Ruhe behalten!*
  Das gelingt oft erst, wenn man einige Minuten innehält, sich mit seinem Ehepartner oder einem guten Freund berät und betet.
- *Das Kind trotz aller Betroffenheit wissen lassen, daß ich es liebe und helfen will!*
  Nehmen Sie es jetzt erst recht in den Arm. Es wird sich sehr verloren vorkommen.
- *Seine Würde achten, mich vor entwürdigenden Beschimpfungen hüten!*
  Kein Verhör in Gegenwart von Geschwistern oder Freunden.
- *Dem Kind Gelegenheit geben, seine Gefühle und Gedanken offen auszusprechen!*
  Beispielsweise so, wie es mir glücklicherweise bei meinem Sohn gelungen ist.
- *Beten, daß der Heilige Geist das Kind zur Buße führt und mir meine eigenen Fehler zeigt!*
  Denken Sie daran: In jedem Fehlverhalten Ihres Kindes ist auch eine Botschaft an Sie enthalten.

- *Auf angemessene Wiedergutmachung achten!* Das heißt: gestohlene Dinge zurückgeben, zerstörte Gegenstände bezahlen und sich entschuldigen. Bieten Sie Ihren Beistand und Ihre Hilfe für diesen schweren Gang an. In Ausnahmefällen kann eine Wiedergutmachung auch anonym erfolgen.

In vielen Fällen wird diese Strategie – besonnen angewandt – ausreichen. Bei einem besonders uneinsichtigen Kind ist es eventuell angemessen, seine Freiheit eine Zeitlang einzuschränken, die Kontrolle zu verstärken oder es zu Extra-Aufgaben heranzuziehen.

Aber bitte bedenken Sie: Mit solch einem Maßnahmenkatalog können bestenfalls schlechte Verhaltensweisen unterbunden, aber niemals psychische Mangelsituationen geheilt werden.

Schuldige Eltern

Manche Eltern erkennen sehr wohl, daß sie in der Vergangenheit eine Menge falsch gemacht haben und ihr Kind unter einem psychischen Defizit leidet – aber deshalb können sie ja nicht nachsichtig sein und tatenlos zuschauen.

Sie müssen die vorgeschlagene Strategie trotzdem maßvoll befolgen, aber gleichzeitig muß ein Heilungsprozeß in der Familie ansetzen. Das kann ein langer Weg werden, und viele betroffene Eltern, die ja selbst irgendwie verletzt sind und ihrerseits Liebe, Verständnis und Anerkennung brauchen, sind damit zunächst überfordert.

Eine liebevolle, christliche Gemeinschaft beispielsweise in Form eines Hauskreises und einer guten

Kinderarbeit mit einem verständnisvollen Leiter, sowie eine persönliche Beziehung zu Jesus Christus, um zuallererst von ihm Liebe, Verständnis und Anerkennung zu empfangen, ist in meinen Augen die beste Therapie für Eltern und Kind.

Dann kann der „Teufelskreis" durchbrochen und eine Familie auf ein neues Fundament gestellt werden.

Bitte scheuen Sie sich nicht, seelsorgerliche Hilfe in Anspruch zu nehmen und eine Erziehungsberatung aufzusuchen!

Eltern im Test

Vor einiger Zeit rief mich ein aufgewühlter Vater an: „Was sollen wir nur machen? Unser fünfzehnjähriger Sohn wurde ertappt, wie er 200 Mark teure Turnschuhe mitgehen ließ. Er wurde der Polizei übergeben. Wir sind ganz fertig, wollen aber wirklich nichts falsch machen und dem Jungen unbedingt helfen."

Vorsichtig fragte ich, ob so etwas schon öfter vorgekommen sei oder ob es eine Ersttat war.

„Soweit wir wissen, ist es das erste Mal, aber wir merken schon seit längerem, daß er sich verändert hat: Er hat in der Schule nachgelassen, auch ein paar Unterrichtsstunden geschwänzt, seine Haare sind immer kürzer geworden, und eine schwarze Bomberjacke mußte her, um in die Schulclique zu passen. Er muß ganz schön unter Gruppendruck gestanden haben."

Ich ermutige meinen Gesprächspartner, besonnen zu bleiben, um sich den Zugang zu dem Jungen nicht zu verbauen, und betone, daß der Schrecken gerade bei einer Ersttat oft so groß ist, daß ein Kind künftig die Finger davon läßt – vorausgesetzt, die Eltern machen die Sache durch Vorwürfe und harte Strafen nicht noch schlimmer. Danach gebe ich ihm die Strategie durch, die Sie gerade gelesen haben.

Einige Wochen später habe ich die Gelegenheit, den Vater ausführlich zu interviewen.

Wie war Ihre spontane Reaktion, als Sie von dem Ladendiebstahl hörten?

„Zuerst waren wir wie erschlagen. Wir machten uns Vorwürfe und bohrten nach unseren Fehlern und Versäumnissen. Vor allem beschäftigte mich die Frage: Wie kann ich ihm im Augenblick am besten helfen? Deshalb der Anruf."

Wie war Ihnen auf dem Weg zur Polizeistation zumute?

„Ich war erstaunt, wie gefaßt ich war. Während der Fahrt betete ich und mußte darüber nachdenken, wie Gott, mein Vater, reagiert, wenn ich einen großen Fehler begehe. Mir wurde klar: Gott ist seinem Wort gegenüber korrekt, er läßt mich zwar die Folgen meiner Sünde ausbaden, aber wenn ich bußbereit bin, ist er gnädig und vergibt.

In der gleichen Haltung wollte ich meinem Sohn gegenübertreten. Zwar rumorten noch Ärger und Vorwürfe in mir, aber die Fahrt war lang genug, um diese Gefühle zu besiegen. Ich sagte mir, Gott wird mir helfen, diesen Konflikt richtig zu bewältigen. So konnte ich Matthias* in ruhiger Haltung begegnen."

---

* Der Name wurde selbstverständlich geändert.

Das war ja ganz schön spannungsgeladen. Wie hat Matthias reagiert, als Sie sich gegenüberstanden?

„Nun war ich ja ganz gut vorbereitet. Ich sah ihm sofort an, daß ihm das ganze fürchterlich peinlich war und er bereit war, jede Brücke zu schlagen, um mich als Vater nicht zu verlieren.

Wie haben Sie dann mit dem Jungen gesprochen? Was war Ihnen dabei wichtig?

„Die Punkte Ihrer Strategie haben uns sehr geholfen. So konnten wir selbst ruhig und besonnen bleiben und ihm versichern, daß wir zu ihm stehen und ihm helfen wollten, seine Probleme zu bewältigen. Vor allem half es uns, ihn nicht zu sehr unter Druck zu setzen: Einsicht und Buße müssen ja schließlich freiwillig kommen.

Zunächst einmal ließen wir ihn alles aus seiner Sicht erzählen. Dann sprachen wir über Gottes Ordnungen, das gesellschaftliche Recht und auch über die anstehenden Konsequenzen. Wir versuchten, ihm dabei keine Vorwürfe zu machen, ohne jedoch die Schuld zu vertuschen, und sagten ihm, daß wir ihn nach wie vor sehr lieb haben, auch wenn wir erst über die Enttäuschung hinwegkommen müßten."

Haben Sie oder hätten Sie beinahe Fehler gemacht?

„Ja, wir standen in der Gefahr, nach seiner Buße zu hohe Erwartungen an ihn zu stellen; am liebsten hätten wir ihn danach ‚lammfromm' gesehen ... Fast wären wir auch bitter und unversöhnlich geworden."

Sie erwähnen häufig das Gebet. Haben Sie Gottes Hilfe besonders gespürt?

„Zunächst haben wir Matthias allein im Gebet vergeben. Nach einigen Tagen war er bereit, mit uns gemeinsam zu beten. Wir sprachen uns gegenseitig Vergebung zu. Das hat unsere Haltung zueinander spürbar verändert.

Eines Nachts hatte ich einen Traum: Ich sah, wie mein Sohn mich verzweifelt anschaute, weinte und fragte, was er nur tun könne, um uns seine Aufrichtigkeit zu beweisen. Ich selbst wollte ihm meine Liebe zeigen, wußte aber nicht, wie ich das anfangen sollte.

Am nächsten Morgen ging mir der Traum nicht aus dem Sinn, und ich fragte mich, was ich damit anfangen sollte. Konnte ich ihn Matthias erzählen? Morgens lese ich immer die Losung der Herrnhuter Brüdergemeine. An diesem Morgen las ich doch prompt den Bibelvers: ‚Ein Prophet, der Träume hat, soll reden ...' War das ein Zufall?

Ich faßte mir ein Herz, ging zu Matthias, erzählte ihm den Traum und nahm ihn einfach in den Arm. Ich sagte ihm, daß ich ihn lieb hätte und ihm wirklich ein guter Vater sein wollte. Er konnte nur schluchzen und mich in seinen Armen festhalten. Ich glaube, das hat uns näher zusammengebracht als alles andere."

Fragen und Antworten

Meiner Tochter, fünf Jahre alt, fällt es immens schwer, eine Unwahrheit einzugestehen oder sich gar zu entschuldigen. Soll ich einfach darüber hinwegsehen? Langsam muß sie doch lernen, sich zu entschuldigen!

Ja, jetzt ist sie in dem Alter, wo sie Schritt für Schritt, ohne zuviel Druck, die richtigen Verhaltensmuster lernen sollte.

Sie erinnern mich an eine Szene mit meiner Tochter in etwa dem gleichen Alter. Sie kam zu mir gelaufen und rief: „Papa, mein Gesicht brennt!“ Gleichzeitig strömte sie einen intensiven Parfümgeruch aus, so daß mir die Sache nicht geheuer erschien.

Auf die Frage: „Das ist wohl Parfüm auf deinen Wangen?“ nickte sie, wollte aber nicht rausrücken, wo sie es her hatte, sondern lief in ihr Zimmer. Ich folgte ihr und bestand darauf, das Parfümfläschchen zu sehen.

„Ich geb’ es dir nicht. Ich will keinen Ärger! Ich will keinen Ärger!“ rief sie aufgelöst. Belustigt über diesen Ausdruck sah ich meine große pädagogische Stunde gekommen, zog sie zu mir und erklärte: „Hör mal, Schätzchen. Wenn du mir die Wahrheit sagst, bekommst du auch keinen Ärger. Den bekommst du erst, wenn du weiterhin lügst. Wer bei der Wahrheit bleibt, bekommt keinen Ärger. Nur wer lügt!“

Meine ruhigen Worte schienen sie zu überzeugen. Zögernd holte sie die Flasche aus ihrem Versteck.

„Hast du sie einfach, ohne zu fragen, deiner großen Schwester weggenommen?“ Überrascht von meiner glasklaren Folgerung, machte sie große Augen und bekam so etwas wie ein flüchtiges Nicken zustande, zumindest, wenn ich genau hinschaute.

„Du weißt, daß das nicht richtig ist. Ich möchte, daß du sie zurückbringst und dich bei Esther entschuldigst.“

Da ich weiß, wie schwer ihr so etwas fällt, fügte ich hinzu: „Soll ich mitkommen und dir helfen?“

Sie ergriff meine Hand, und wir tappten ins Zimmer ihrer großen Schwester. Diese erfaßte den Sachverhalt sofort und bemühte sich, genau wie ich, ernst zu bleiben. Marie knallte die Parfümflasche auf den Tisch und drehte den Kopf zur Seite. „Oh, die habe ich schon vermißt ...", versuchte Esther, ihr die Entschuldigung leicht zu machen. Aber nichts kam.

Wie konnte ich der Kleinen nur helfen? Ich beugte mich hinunter und fragte: „Soll ich Esther sagen, daß es dir leid tut?"

Sie nickte verschämt.

„Esther, ich soll dir von Marie ausrichten, daß es ihr leid tut, daß sie ungefragt das Parfüm benutzt hat." Esther nahm sie in den Arm und erwiderte: „In Ordnung, Marie, ich akzeptiere das", und schon fingen Maries Augen wieder zu funkeln an.

Ich bin mir nicht sicher, wie ich mich verhalten soll, wenn sich mein Sohn, zwölf Jahre alt, aufrichtig für eine ‚Schandtat' entschuldigt. Kann ich es ohne Strafe ausgehen lassen, oder bin ich dann zu nachlässig?

Wenn dem Kind die Sache wirklich leid tut und es versichert, sich zu ändern, können Sie einen nachhaltigeren Erfolg erzielen, wenn Sie Ihre Freude über die Aufrichtigkeit ausdrücken, ihm vergeben und es dabei belassen. Die Bibel nennt das Gnade: „Eine barmherzige Liebe ohne jedes Verdienst oder Anrecht des Menschen."[7]

Gerade in diesem Alter erfassen Kinder sehr gut, daß sie eigentlich eine Strafe verdient hätten, aber die

Eltern „gnädig" sind. So etwas kann die Wirkung erhöhen und sie zu besserem Verhalten anspornen.

Wenn Sie allerdings merken, daß die schnelle Entschuldigung nur kommt, um einer Konsequenz zu entgehen, kann es klüger sein, auf angemessene Wiedergutmachung zu beharren.

Der Zusammenhang zwischen mangelndem Selbstwertgefühl und Lügen hat mich sehr getroffen. Denn genau aus diesem Grund übertreibt meine Tochter und erzählt „Lügengeschichten". Aber wie kann ich ihr Selbstwertgefühl stärken? Gibt es da einen Schnellkurs?

James Dobson bringt den Aufbau des Selbstwertgefühls auf eine einfache, treffende Formel: Das Selbstwertgefühl kommt aus der Reflektion, was andere von uns denken und was Gott von uns hält.

„Selbstachtung entsteht durch das, was wir in den Augen anderer Menschen oder den Augen Gottes widergespiegelt sehen. Mit anderen Worten: Der Beweis für unseren Wert liegt außerhalb von uns selbst. Nur wenn andere uns respektieren, respektieren wir uns auch selbst. Nur wenn andere uns lieben, lieben wir uns selbst. Nur wenn andere uns nett und wertvoll finden, kommen wir auch mit unserem eigenen Ego klar."[8]

Aus diesem Zitat lesen Sie heraus, daß Ihre Haltung dem Kind gegenüber sehr bedeutend ist: Ihre Wertschätzung, Liebe, Ermutigung und Anerkennung. Kinder sind extrem sensibel gegenüber den Einstellungen ihrer Eltern. Achten Sie darauf, was Sie in

Gegenwart Ihrer Kinder sagen, ganz besonders, wenn es um Vergleiche zwischen den Kindern geht.

Aber auch das Gottesbild, das Sie vermitteln, ist von großer Bedeutung für das Selbstwertgefühl: Ihr Kind muß wissen, daß es von Gott gewollt und geliebt ist und daß Gott einen Plan für sein Leben hat.

Wir hatten in den letzten Jahren familiär eine schwierige Zeit. Ich weiß, daß mein Kind sehr darunter gelitten, seelischen Schaden davongetragen hat und gefährdet ist. Die Heilung unserer Beziehungen geht ja nur Schritt für Schritt. Wie soll ich mich verhalten, wenn es an Süßigkeiten oder meine Brieftasche herangeht?

Bei einem gefährdeten Kind sollten Sie Geld und Süßigkeiten stets einschließen. Die Versuchung ist einfach zu groß, wenn die Brieftasche frei herumliegt oder der Schrank mit den Naschereien stets offen ist. Ich weiß, es ist lästig, immer mit einem Schlüssel am Gürtel herumzulaufen – aber besser so, als ständig wegen verschwundener Sachen eine Szene zu haben.

Stecken Sie dem begierigen Kind ruhig eine Extraportion Süßigkeiten zu, oder – wenn Ihnen die Ration gesundheitlich bedenklich erscheint – stellen Sie zum Beispiel eine Schüssel mit Nüssen und Trockenobst gut sichtbar hin und betonen Sie, daß es sich jederzeit ungefragt bedienen darf.

Überlegen Sie auch, ob das Taschengeld nicht zu knapp bemessen ist. Erhöhen Sie die Auszahlung übergangsweise ruhig großzügig, um es dem Kind leichter zu machen, ehrlich zu bleiben. Hat es erst wieder eine größere, psychische Stabilität erlangt, kann man weiter sehen.

Meine Tochter hat am Kiosk zwei Mädchenzeitschriften mitgehen lassen. Muß ich sie zwingen, sie wieder zurückzubringen? Es tut ihr fürchterlich leid, sie beteuert, es nicht zu wiederholen, wehrt sich aber mit Händen und Füßen dagegen, dorthin zu gehen.

Wenn jemandem ein Schaden zugefügt wurde, ist es richtig, ihn wiedergutzumachen. Aber es muß angemessen bleiben und darf das Kind nicht überfordern oder zu sehr demütigen.

Das müssen Sie selbst abwägen. Eine Möglichkeit könnte sein, dem sich sträubenden Kind anzubieten, es zu begleiten und das Gespräch zu führen. Vielleicht schwindet dann der Schrecken vor diesem schweren Gang. Aber wenn die Verkäuferin eine Klatschtante ist und bald das ganze Wohnviertel weiß, wer sie bestohlen hat, kann es ratsamer sein, die beiden Hefte mit einer Entschuldigung anonym zurückzuschicken.

So hatte ich mir das nicht vorgestellt!

Wir sitzen mit einer befreundeten Mutter im Taxi. Schon beim Einsteigen fängt ihr Kleiner an zu strampeln und zu schreien, so daß wir kein Wort wechseln können. Der Fahrer wirft ungnädige Blicke nach hinten und bemüht sich, schneller durch den Verkehr zu kommen. Die Mutter zieht alle Register: Sie nimmt den Jungen auf den Schoß, singt ihm etwas vor, wiegt ihn, bietet sogar einen Lutscher an. Nichts hilft. Inzwischen stehen ihr die Schweißperlen auf der Stirn, und sie wirft mir flehentliche Blicke zu: „Du bist doch der Experte! Was soll ich nur tun?"

Ich kann nur hilflos mit den Schultern zucken. Verständigen können wir uns in dem Lärm ohnehin nicht.

Ich denke: „Es gibt Situationen, da wissen wir tatsächlich nicht, was wir tun sollen. Um so mehr müssen wir uns daran erinnern, was wir auf keinen Fall tun dürfen: zurückschreien, das Kind schütteln oder schlagen, es abweisen oder verachten."

Ich bewundere die junge Mutter, wie sie, das schreiende Bündel auf dem Arm, noch ihre Fassung bewahren kann. Manche Eltern sind echte Helden! Kommt so etwas eigentlich auch einmal in ein Buch der Rekorde?

Beim Aussteigen entdecken wir plötzlich die Lösung des Rätsels. Aufgelöst zeigt der Kleine auf den Boden und schreit: „Dummie, Dummie, Dummie ..." Dem armen Kerl war beim Einsteigen das Kaugummi aus dem Mund gefallen, und keiner hatte es gemerkt. Deswegen das ganze Theater! Wir schauen uns entgeistert an und fangen herzhaft an zu lachen. Inzwischen kaut unser kleiner Held zufrieden lächelnd an seinem Ersatzkaugummi.

Erschöpfte Eltern

Dieses Beispiel zeigt, wie sich ein angenehm beginnender Tag plötzlich in einen düsteren „Kriegsschauplatz" verwandeln kann. Solche Szenen zehren an den Nerven, und wenn man nicht gerade in bester Verfassung ist, ist ein Zusammenbruch auf Dauer nicht ausgeschlossen. Die anfänglich gute Kondition junger Eltern kann schnell geschwächt sein, manchmal schon nach den ersten Monaten halbdurchwachter Nächte mit einem unruhigen, schwer zu bändigenden Baby.

Mütter von Kleinkindern – Väter sind nicht so stark betroffen – leiden oft unter hartnäckigen Erschöpfungszuständen, obwohl sie selbst sich das meist nicht eingestehen und die Umwelt es häufig nicht bemerkt.

Mütter mit ein- bis dreijährigen Kindern sind laut Umfragen besonders gefährdet. In diesem Alter läßt sich ein Kind nicht mehr so leicht mitnehmen, sein Schlafbedürfnis nimmt ab, Sprechfähigkeit und Aktivitäten nehmen dafür zu.

Trotzreaktionen und Streitereien unter den Ge-

Kinderchen...
ich komme!
SO...
GERÜSTET
FÜR DEN
„FAMILIEN-
ALLTAG"

schwistern sind jetzt an der Tagesordnung. Die Mutter findet kaum noch Zeit zum Luftholen, ständig wuseln die kleinen Schreihälse um sie herum, denn für den Kindergarten sind sie einfach noch zu jung.

Von diesen Müttern trifft es meiner Beobachtung nach besonders die zwei folgenden Frauentypen:

- *Die „Idealisten“:*
  Sie steigen mit superhohen Idealen in ihre Mutterphase ein, wollen das Beste geben, verzichten auf alles und sind zutiefst enttäuscht, wenn es nicht so läuft, wie sie es sich vorgestellt haben.
- *Die „Schaffertypen“:*
  Sie nehmen sich ständig zuviel vor und bleiben schließlich auf der Strecke.

Aber auch ältere Kinder zehren an den Kräften ihrer Eltern. Nun gut, die Ära des Broteschmierens, Fütterns, Windelwechselns und Naseputzens, des „Auf-den-Arm-und-wieder-runter“ ist vorüber, aber jetzt kommen neue, unerwartete Herausforderungen: freche Widerreden, zweifelhafte Freunde, fragwürdige Schulleistungen, Kämpfe um Telefon und Fernsehen ...

Wenn Claudia und ich die Kleinkind-Erziehung mit der von Teenagern vergleichen sollen, fällt uns auf, daß wir früher stärker körperlich (zupacken, aufräumen, wickeln) und von unserer Anwesenheit her (trösten, spielen, vorlesen) gefragt waren, während es bei den Teenagern mehr auf nervliche Kraft und enorme Flexibilität ankommt. Teenager-Erziehung ist zunächst einmal Neuland. In kurzer Zeit müssen viele neue Situationen und Konfliktbereiche gemeistert werden: Pubertät, sexuelles Erwachen, Freunde und Freundinnen, Nikotin, Alkohol, Discos ... In diesem Neuland muß sich der junge Mensch zurechtfinden und braucht ausgeruhte, lebensbejahende, gut orientierte und humorvolle Eltern.

Aber die haben sich tragischerweise in den Jahren zuvor total verschlissen und sind ausgerechnet jetzt, wo sie top-fit sein müßten, „reif für die Insel". Das kann nicht gutgehen!

Als junge Eltern haben Claudia und ich uns einen Ausspruch von James Dobson, einem bekannten amerikanischen Familienberater, zu Herzen genommen: „Kinder-Erziehung ist kein Kurzstreckenlauf, sondern mit einem Marathonlauf zu vergleichen. Man muß seine Kräfte für alle Erziehungsjahre klug aufteilen und darf sie nicht gleich in den ersten Jahren aufbrauchen."

Dr. Markus Merz bescheibt in der ‚Schweizerischen Ärztezeitung'[10] drei Phasen zunehmender Erschöpfung, die bei Eltern, vor allem bei Müttern beobachtet werden können. Mütter und Väter sollten sie sorgfältig durchdenken, um festzustellen, wo sie stehen, und gemeinsam beraten, wie sie sich vor dem Ausbrennen schützen können.

1. Stadium: Verlust der Autonomie-Insel

Dr. Merz meint, daß es der Mutter unter dem Ansturm der vielfältigen kindlichen Bedürfnisse nicht mehr gelingt, den Raum für ihr „autonomes Selbsterleben" abzugrenzen. Mit einfachen Worten: Sie erstickt in Windeln, Babybrei und Durcheinander. Sie hat den Eindruck, nur zu geben, zu geben, zu geben ... und keine Minute zu sich selbst zu finden. Ein Buch lesen, ausschlafen oder nur einmal gemächlich durch die Stadt bummeln – das scheint Ewigkeiten zurückzuliegen. Nicht selten fühlt sie sich benachteiligt, betrogen und im Stich gelassen. Ihr fehlt die Kraft, den Kindern Grenzen zu setzen oder gar Familienregeln durchzusetzen; sie läßt „den Karren einfach laufen", als ob sie dadurch wieder Ruhe und Harmonie zurückbringen könnte. Als armseliges Reservoir ihrer Erziehungsmittel sind schließlich sind nur noch Geschrei und Drohungen übrig. Diese unkontrollierten Ausbrüche machen sie natürlich noch unglücklicher. Hier ein Beispiel aus dem Brief einer Mutter:

„Ich fühle mich als Versagerin. Mögen es die zu hohen Ideale sein, mag es die Enttäuschung über meine eigenen Grenzen sein, oder sei es einfach die chronische Angst, daß das, was ich meinen Kindern antue, nicht mehr gutzumachen ist ..."

In dieser Situation erfaßt der Ehemann das Problem seiner Frau in der Regel nur ungenügend. Sie fühlt sich zunehmend unverstanden, während er mehr und mehr an ihren Erziehungsqualitäten zu zweifeln beginnt. Doch anstatt ihr Arbeitsbereiche abzunehmen und sich stärker mit den Kindern zu beschäftigen, versteigt sich mancher Mann leider in recht unqualifizierte Aussprüche: „Ich verstehe gar nicht, daß du damit nicht fertigwirst. Dies bißchen Haushalt ..."

Dieser Zustand leitet zum zweiten Stadium über.

2. Stadium: Verlust der Beziehungs-Insel

Die Beziehung der Eheleute leidet in diesem Stadium zunehmend. Das hängt damit zusammen, daß die letzten verfügbaren Energiereserven in die Auseinandersetzung mit den Kindern geworfen werden. Die Frau zeigt jetzt offensichtliche Erschöpfungszeichen. Man kann sich ja nicht mehr so leicht wie früher einen schönen Abend machen. Mal miteinander ausgehen oder ungestört schmusen? Ständig kommen die Kinder dazwischen! So verkümmert die eheliche Atmosphäre, und schließlich schwindet alle Energie und aller Einfallsreichtum, überhaupt noch etwas miteinander zu unternehmen.

„Laßt mich bloß alle in Ruhe!“ ist ihr häufigster Gedanke.

Eine zweite „Beziehungs-Insel“ – die Berufstätigkeit – wird genauso in Mitleidenschaft gezogen. Etwa zwei Drittel aller jungen Mütter wollen sich einige Jahre ganz ihren kleinen Kindern widmen, was ich sehr begrüße. Aber mit dem Ausstieg aus dem Berufsleben verliert die Frau ein Netz sozialer Kontakte, in dem sie Anerkennung und Selbstbestätigung finden konnte. Wenn dieser Verlust nicht ausgeglichen wird, macht es sie noch einsamer und unzufriedener.

Die gegenseitigen Forderungen und Vorwürfe, weil die Erwartungen nie erfüllt werden, spitzen sich nun zu. „Du könntest den Kleinen auch mal füttern und ins Bett bringen“, stöhnt sie, aber wenn der Vater sich darum bemüht, macht er es nicht gut genug. Also zieht er sich zurück.

Am Ende erlebt die Frau ihren Mann als Drückeberger, der sie in schwierigen Situationen im Stich läßt; der Mann hat das Gefühl, daß ihr doch nicht zu helfen ist, wie sehr er sich auch bemüht.

Kinder reagieren auf die eheliche Disharmonie meist negativ: Sie können sich immer weniger selbst beschäftigen, antworten mit unangemessenen Wutanfällen, streiten sich mit ihren Geschwistern, hängen sich um so intensiver an die Mutter. Häufig treten bei den Kindern Schlafstörungen und andere psychosomatische Symptome auf, wie Einnässen, Eßstörungen usw.

Die massiven Probleme mit den Kindern rauben den Eltern die letzte wichtige Energiequelle: die Freude an der kindlichen Unbekümmertheit und ihren Fortschritten. Jetzt bestehen die Spannungen nicht mehr nur zwischen den Ehepartnern, sondern auch noch zu den Kindern. Das leitet in die dritte Phase über, in der auch die psychische Gesundheit des Mannes mitbetroffen ist.

3. Stadium: Die eigentliche Erschöpfungsdepression

In den ersten zwei Stadien sind die Ehepartner zwar miteinander unzufrieden und ergehen sich in gegenseitigen Vorwürfen, aber sie können das Ganze noch als Folge der bestehenden Überlastung erkennen, sich vergeben und gemeinsam weitermachen. Dagegen brechen im dritten Stadium der Erschöpfungsdepression alte verdrängte Probleme auf. Unverarbeitete Wut- und Haßregungen aus der eigenen Kindheit werden auf sich selbst oder den Ehepartner projiziert. Die Vorwürfe werden zunehmend irrationaler und die beiden immer unfähiger, angemessen miteinander umzugehen.

Wo geht's zur „Insel"?

Damit aus Überforderung und Frust nicht schleichend eine schwieriger zu behandelnde Erschöpfungsdepression wird, muß viel mehr darüber gesprochen werden, wie der Erschöpfung vorgebeugt werden kann.

Manche Mütter, aber auch Väter, sind buchstäblich „reif für die Insel". Sie brauchen Tips und praktische Hilfen, wie sie sich auf eine „Autonomie-" und „Beziehungsinsel" flüchten können, um ihre Energien wieder aufzufrischen.

Zuflucht auf der „Autonomie-Insel"

Es ist kein Egoismus oder gar Ausdruck von rücksichtsloser Selbstverwirklichung, wenn Sie sich in Ihrer Familie eine gewisse Autonomie und einen Freiraum bewahren. Im Gegenteil – das ist auf lange Sicht gesehen sogar überlebensnotwendig!

Zunächst ein paar Tips für die Frau:

- Planen Sie rechtzeitig – schon vor der Geburt des ersten Kindes –, wie Sie sich „Erholungs-Nischen" schaffen können (auch wenn es dann oft anders kommt, als man es sich vorgestellt hat). Was wollten Sie schon immer mal lesen, welchen Sport treiben? Einigen Hobbys kann man als junge Mutter zu Hause viel besser nachgehen als bei voller Berufstätigkeit. Eine halbe Stunde an der Staffelei pinseln, während die Kinder spielen, kann einen wieder mit dem öden Alltag versöhnen. Manche Frauen entpuppen sich als regelrechte Künstlerinnen, die sich mit ihren Kreationen sogar einen Nebenverdienst erwirtschaften. Zwei Bekannte von uns haben sich zusammengetan und basteln regelmäßig für einen Kleinkunstmarkt, wo sie ihre Sachen ausstellen.

- Im Kleinkindalter vor der Kindergartenzeit macht sich ein „Kindertausch“ ganz großartig. Seit unsere Marie zwei Jahre alt ist, geht sie einen Vormittag in der Woche zu ihrem gleichaltrigen Cousin; er kommt dafür einmal in der Woche zu uns. Für Claudia ist das ein freier Vormittag in der Woche, aber nicht zum Putzen, sondern zum Kultivieren ihrer „Autonomie-Insel“: Es ist doch fast wie Urlaub, wenn man einmal allein in Ruhe einkaufen gehen und anschließend in einem Straßencafé die Seele baumeln lassen darf.

Tips für den Vater:

- Wenn Sie erwerbstätig sind und Ihre Frau für einige Jahre ihren Beruf aufgibt, um verstärkt für Haushalt und Kinder zu sorgen, dann vergessen Sie nicht, daß nicht nur Sie am „Feierabend“ (wer hat nur diesen lächerlichen Ausdruck erfunden?) erschöpft und ruhebedürftig sind, sondern auch Ihre Frau. Zwei oder drei kleine Kinder von morgens bis abends um die Beine zu haben, nervt genauso wie ein anstrengender Geschäftstag. Sie ist zu Hause ebenso berufstätig und hat das gleiche Recht auf einen Feierabend. Nach Ihrer Rückkehr ist die Arbeit bis zum Schlafengehen der Kinder also Ihre gemeinsame Sache!
- Nach der Arbeit tut Bewegung gut, besonders wenn man einen sitzenden Beruf hat. Warum schnappen

Sie sich nicht Ihre Kinder und toben erst einmal eine Runde auf dem Hof oder durch den Park? Diese Ruhepause wird Ihrer Frau sehr gut tun! Um so bereitwilliger wird sie es Ihnen hinterher gönnen, die Beine hochzulegen und Zeitung zu lesen.

- Es ist wünschenswert, daß die Routine-Hausarbeit während des Tages von der Frau erledigt wird, so daß Sie als Vater am Abend Ihrer wichtigsten Aufgabe nachgehen können: Sich mit den Kindern beschäftigen! Zusammen spielen, Spielzeug reparieren, vorlesen und eine schöne „Zubettgeh-Zeremonie“ ...
- Wenn Sie Ihren Kegelabend, Sportverein oder Ihre Stunde im Fitneß-Center haben, während Ihre Frau zu Hause „die Fahne hochhält“, gönnen Sie auch ihr solche Freiräume und übernehmen Sie dann die Kinder.

Tips an beide

- Es ist schön, wenn man als Familie viel gemeinsam unternimmt. Aber es muß nicht immer sein. Besonders wenn einem Partner der Alltag über den Kopf wächst, ist es besser, sich mal abzulösen, als darauf zu bestehen, alles gemeinsam zu machen. Dazu gehören allerdings ehrliche Absprachen.
- Schon seit Jahren werbe ich für einen freien Nachmittag pro Woche für Mütter. So schwierig ist das nicht. Nehmen wir zum Beispiel den Donnerstag mit verlängerter Ladenschlußzeit. Sie als Vater bemühen sich, ein Stündchen eher zu Hause zu sein, sagen wir mal so um halb vier, und geben Ihrer Frau bis nach halb neun frei („Kinder ins Bett bringen“

inklusive), aber nicht bloß, um Familieneinkäufe zu erledigen, sondern um persönlichen Interessen nachzugehen. So etwas kann man natürlich auf einen freien Samstag pro Monat erweitern, und selbst ein Wochenende mit der besten Freundin oder dem engsten Kumpel, an dem jeder mal nur seinen Interessen nachgehen kann, ohne ständig Rücksicht auf die anderen nehmen zu müssen, sollte drinliegen. Solche regelmäßigen Einrichtungen können Erschöpfung und Kinderüberdruß vorbeugen.

- Urlaub mit Kindern ist wichtig, aber auch anstrengend. Wenn der Vater allerdings an einem Vormittag mit den Kindern an den Strand tobt, während die Frau für sich allein machen kann, was sie will, und später umgekehrt, kann dieser Freiraum ungeahnte Kräfte freisetzen.

  Aber ausgerechnet Eltern, die sich mit offensichtlichen Erschöpfungszuständen das Leben schwer machen, halten hartnäckig an übertriebenen „Gemeinsamkeitsidealen" fest, anstatt sich gegenseitig Freiräume zu schaffen, um wieder aufzutanken. Dabei kann man viel mehr gemeinsam gestalten, wenn erst mehr individuelle Stabilität erreicht ist. Qualität statt Quantität ist hier die Regel!

Auftanken auf der „Beziehungsinsel"

Zu den grundlegenden „Beziehungsinseln" zähle ich den Umgang mit dem Ehepartner, den Verwandten und Freunden, der Gemeinde und im Beruf.

Da ist zunächst die Beziehung zum eigenen Ehepartner. Das Muster schleichender Entfremdung habe ich ja auf den vorigen Seiten dramatisch genug be-

ERHOLUNGSINSEL FÜR GESTRESSTE ELTERN
SIEGER
WIE OFT HAB' ICH EUCH SCHON GESAGT, MAMA UND PAPA BRAUCHEN IHRE RUHE!
KK 95

schrieben. Gute Tips zur Vertiefung der Ehebeziehung können Sie in vielen Büchern und Artikeln nachlesen – sie müssen nur in die Praxis umgesetzt werden! Aber dazu reicht die Kraft häufig nicht mehr aus.

Als „eiserne Ration“ liste ich Ihnen hier einige Punkte unserer „Goldenen Regeln für ein gesundes Eheleben“ auf:

- Planen Sie pro Woche mindestens einen Eheabend ein, um Zeit für gemeinsame Unternehmungen und Entspannung zu haben.
- Verbringen Sie keinen Tag ohne Gedankenaustausch und gemeinsames Gebet. Nehmen Sie sich irgendwann zwanzig Minuten pro Tag vor, um sich alles von der Seele reden zu können.
- Fassen Sie den Vorsatz, jeden Tag bereinigt abzuschließen und die Sonne niemals über Ihrem Zorn und Ärger untergehen zu lassen (Epheser 4,27-28).
- Der Ehepartner ist noch wichtiger als die Kinder. Einer der größten Werte, die Sie Ihren Kindern mitgeben können, ist eine harmonische, von gegenseitiger Wertschätzung getragene Ehe.
- Lassen Sie das Feuer der romantischen Liebe nicht verlöschen. Achten Sie auf Ihr Denken und Handeln Ihrem Partner gegenüber, denn dies wird das Maß der Romantik bestimmen.
- Investieren Sie genügend Zeit, Energie, Einfühlungsvermögen und Einfallsreichtum in die sexuelle Beziehung Ihrer Ehe, denn: Zeit füreinander haben, Romantik und Wertschätzung des Partners sind unerläßliche Voraussetzungen für eine erfüllende Sexualität.
- Bewahren Sie Ihrem Partner gegenüber immer Re-

spekt und Hochachtung – wie in der Zeit, als Sie sich kennengelernt haben.

- Betrachten Sie die Treue und Hingabe Ihres Ehepartners niemals als Selbstverständlichkeit, sondern bemühen Sie sich, Ihren „Schatz“ jeden Tag neu zu gewinnen.

Zum Berufsleben: Sie sollten als junge Mutter mit der Geburt nicht alles fallenlassen, um sich nur noch um Ihr Kind zu drehen. Natürlich ist es das Beste, wenn Sie in den ersten Erziehungsjahren den Beruf aufgeben können. Aber warum halten Sie nicht weiterhin den Kontakt zu Ihren Arbeitskollegen und bieten an, von Zeit zu Zeit einmal einzuspringen – etwa als Urlaubs- oder Krankenvertretung?

Was ist mit der Verwandtschaft? Ein Problem unserer Zeit ist die räumliche Trennung und Zersplitterung in Kleinstfamilien. Wenn man sich allerdings nur dann meldet, wenn man etwas haben will, braucht man sich nicht über den geringen Zusammenhalt beklagen. Überlegen Sie, wie Sie nicht nur bei den obligatorischen Familienfeiern, sondern darüber hinaus Zeichen setzen und Kontakte halten können, dann fällt das gegenseitige Aushelfen leichter.

Ein guter Freundeskreis, möglichst Familien mit etwa gleichaltrigen Kindern, ist Gold wert, aber schwer zu finden und aufrechtzuerhalten. Beten Sie dafür, und denken Sie einmal Ihren Bekanntenkreis durch: Mit wem möchten Sie Kontakt halten und befreundet bleiben? Und dann ergreifen Sie die Initiative. Langfristige Freunde hält man nur, indem man Zeit investiert und selbst Opfer bringt.

Viele Familien klagen, daß sie ganz allein dastehen. Es geschieht aber sehr selten, daß jemand auf Sie zukommt und Sie aus Ihrer Einsamkeit erlöst; Sie müssen schon auf andere zugehen!

Ein Mütterkreis, in dem man sich ungeschützt alles von der Seele quatschen kann und Verständnis findet, ist eine regelrechte Therapie! Gehören Sie zu den kontaktfreudigeren Frauen, dann gehen Sie unbedingt auf andere Mütter zu und treffen Sie sich regelmäßig. Solange wir Kinder haben, trifft sich bei Claudia ein Mütterkreis, der anderen eine Hilfe ist und ihr selbst zugute kommt. Vor allem lernen sich die Kinder kennen, eine wichtige Voraussetzung, sie auch einmal abgeben zu können. Gehören Sie zu den zurückhaltenderen Frauen, dann springen Sie über Ihren eigenen Schatten und halten Sie Ausschau nach Gleichgesinnten.

Eine regelmäßige „Männerrunde" ins Leben zu rufen, ist noch viel schwerer, aber umso wichtiger. Informell gelingt es leichter. Wenn sich zwei Freundinnen ein freies Wochenende erkämpft haben, tun sich halt die Väter als „Notgemeinschaft" zusammen und feiern mit den Kindern „sturmfreie Bude". Daraus hat sich schon manche Männerfreundschaft entwickelt. Eine Wanderung mit einigen Vätern und Kindern oder der Besuch eines „Vater-Sohn"-Wochenendes hilft, Beziehungen unter Männern zu knüpfen.

Der Platz in einer Kirchengemeinde: Viele Freunde sucht und findet man ohnehin in einer Gemeinde, weil sie eben die gleichen Lebensideale teilen. Den Wert einer Gemeinde spürt man insbesondere dann, wenn man Hilfe braucht, sei es im Gebet, in Form guter Ratschläge oder durch praktischen Einsatz. Aber christliche Gemeinschaft lebt vom Geben und Nehmen. Suchen Sie nicht nur in persönlichen Notzeiten die Hilfe anderer Christen, sondern integrieren Sie sich in eine bibelgläubige Gemeinde. Gemeinsam mit anderen Christen Gott zu dienen, macht selbst glücklich und setzt neue Kräfte frei.

Vergessen Sie bitte auch nicht, Ihre Beziehung zu Gott zu pflegen! Menschen sind nicht immer zu erreichen und verstehen einen auch oft nicht, aber Gott, Ihr Vater, ist immer zu sprechen, und die Gemeinschaft mit ihm kann zu Ihrer größten Kraftquelle werden.

Und was macht man als Alleinerzieher?

Renate: *Das liest sich so schön: Die wichtigsten Beziehungen sind die zum Ehepartner, zu den Verwandten, zu Freunden, zu Kollegen und innerhalb der Gemeinde. Was aber tun, wenn man geschieden und umgezogen ist – eine Tagesreise von allen Verwandten entfernt, Freunde erst ab 240 km Entfernung, keine Arbeitskollegen und in einem Nest gelandet, wo jeder eigentlich schon sein Grüppchen hat? Und die Gemeinde? Ja, ehrlich gesagt, außer zum Gottesdienst (wo man ja vor allem zuhört, es sei denn, man be-*

grüßt den Nachbarn) und zum Hauskreis komme ich nicht dazu, noch irgendwelche „Dienstteams“ – oft die einzige Möglichkeit, Kontakte zu schließen – aufzusuchen, denn das sind noch mindestens zwei Termine mehr pro Woche, an denen ich mein Kind nicht mitbringen kann ... und es auch nicht beaufsichtigt wäre.

Aber irgendwo muß es doch auch für berufstätige „Teilzeitmütter“ ohne zweites Elternteil und ohne Geschwister (also natürliche Spielkameraden fürs Kind) eine Autonomie-Insel geben!

Nachdem sich nach langem Gebet und Kontaktbemühungen meinerseits nicht viel ereignet hat, habe ich folgende Ideen teilweise umgesetzt:

Ein Abend pro Woche gehört mir, das heißt, ich verlasse meine vielangestarrten vier Wände und tue etwas, was mir Spaß macht, mich mit anderen Menschen zusammenbringt, nicht mit Arbeit und Pflicht (auch nicht christlicher) verbunden ist und wozu ich niemand anderen brauche. Zuerst bin ich ins Kino gegangen, zur Zeit mache ich einen Single-Tanzkurs (nein, einen Tanzpartner braucht man nicht mitbringen). Hinterher gehen wir als kleine Gruppe noch zusammen eine Cola oder ein Bier trinken und quatschen. Ich kenne nur die Vornamen, keiner ist zu irgendwas verpflichtet.

Es muß ja nicht tanzen sein, es gibt auch anderes – ein Abend im Fitneß-Studio, ein interessanter Kurs in der Volkshochschule ... Hauptsache, es macht IHNEN Spaß und ist in absehbarer Zeit realisierbar.

Mein Kind? Bleibt zum Glück allein zu Hause und bekommt dafür von mir eine kleine Überraschung vor die Tür gelegt. Noch besser ist es natürlich, wenn Sie einen Babysitter haben, der/die auch dann kommt, wenn Sie „nur Ihrem Vergnügen" nachgehen.

Ist einmal die Woche für Sie nicht machbar? Dann vielleicht einmal alle zwei Wochen oder einmal im Monat. Wann waren Sie das letzte Mal in einem Konzert?

Und für den ganz normalen Alltag gibt es auch hin und wieder kleine Nischen, die sich als Autonomie-Inseln entpuppen können. Ein kurzer Gang an frischer Luft – ohne daß alle 90 Sekunden ein Satz an Ihr Ohr dringt, der mit „Mama??? ..." anfängt – praktisch, wenn der Wald gleich um die Ecke ist. Es soll Menschen geben, die diese Zeit nutzen, um ungestört mit Gott zu reden. Wunderbar. Ich denke, ehrlich gesagt, die meiste Zeit rein gar nichts, hin und wieder eine echte Wohltat.

Und die Beziehungs-Insel? Ohne gewachsene Beziehungen ist das ein heikles Thema. Soviel habe ich inzwischen gelernt: Es wird viel getratscht, deshalb sollte man sich nicht vorschnell bei jemandem ausquatschen oder aus seiner Vergangenheit berichten; da ist einem die Schublade gleich sicher – eine 240-Kilometer-Zone hat also auch ihre Vorteile.

Wer nicht aufpaßt, wird schnell zum „Betreuungsobjekt" und damit zur Last für andere Leute, die an einer Beziehung eigentlich gar nicht interessiert sind. Einige zuvor wohldurchdachte Antworten auf „Fangfragen" (Wie hast Du denn Deinen Mann kennengelernt? War er auch Christ? ...) haben sich als ganz praktisch erwiesen. Immerhin heißt es ja, das „Alte sei vergangen, siehe, etwas Neues ist geworden". Warum soll ich also überhaupt darüber reden, was war?

Mein Gestern ist mit Sodom untergegangen. „Drehen Sie sich um, Frau Lot?“ Nein, lieber nicht!

Mich interessiert, was heute dran ist.

Jetzt können Sie sich überlegen, wie solche Kontakte aussehen können. Ich überlege und probiere auch immer noch. Das wichtigste ist wohl, Frieden mit der oft einsamen Insel zu schließen, aber nicht zu resignieren. Danach kommt gleich, nicht zu viel von anderen zu erwarten. Es bringt mehr, seine Kreativität spielen zu lassen und sich zu überlegen, wie man sich selbst einen neuen Bekanntenkreis aufbauen kann, der auch nicht unbedingt nur aus Christen bestehen muß. Falls sich Kontaktmöglichkeiten ergeben – neulich wurde ich völlig überraschend zu einem Geburtstag eingeladen – nie Nein sagen (spielt es wirklich eine Rolle, ob man das Geburtstagskind kennt?). Genießen Sie die anderen Gäste, gemeinsam lachen ist sehr gesund – auch wenn Sie sie vielleicht nie wiedersehen. Mitnehmen, was einem begegnet, dankbar dafür sein und nichts festhalten.

Haben Sie Gelegenheit, einmal etwas Neues mitzumachen – versuchen Sie es. „Stecken Sie Ihre Pflöcke weit ...“

Zugegeben, allzu toll ist das nicht. Aber besser als nichts, oder? Denn schließlich wird und bleibt man nicht mit sich allein oder auf dem Seelsorgestuhl beziehungsfähig, sondern nur, wenn man unter Leute kommt, also durch Beziehungen.

ERziehung durch BEziehung!

Tagebuch eines vielbeschäftigten Vaters

Der große Bruder ist da! Alle sind überrascht und freuen sich, besonders seine jüngeren Schwestern, die ihn regelrecht verehren. Seit er seinen Zivildienst in einer anderen Stadt leistet, vergehen manchmal Wochen, bis er plötzlich auftaucht. Am Abend schleppe ich ihn dann sofort ins Steak-House (mit einem guten Essen kann man ihn immer gewinnen). Wir plaudern belanglos über seine Arbeit und den Ausbau auf unserem Grundstück, sind aber schnell bei ernsteren Themen. Bei den letzten Malen erschien er mir etwas bedrückt, und mir liegt es auf dem Herzen zu erfahren, wie es ihm wirklich geht.

Auch über die Beziehung zu seiner Verlobten sprechen wir; ich glaube, ich konnte ihm ein paar gute Tips mitgeben. Auf dem Weg zum Auto knufft er mir in die Seite und meint: „Papa, mit dir kann man echt gut reden. Ich bin stolz auf dich!"

Die Bemerkung nehme ich nicht ohne Genugtuung auf. Was hätte ich verpaßt, wenn ich mir den Abend nicht freigeschaufelt hätte! Es hatte schon einige Klimmzüge gekostet, noch schnell den Abendtermin zu verlegen. Aber bei großen Kindern muß man flexibel sein – wer weiß, wann sie wieder auftauchen?

Ich lümmele im Sessel und blättere die Zeitung durch. Meine Achtzehnjährige sitzt mir schon eine Weile schweigend gegenüber. Das ist sonst nicht ihre Art, es hätte mir ein Signal sein sollen ...

Plötzlich bricht sie in Tränen aus. Meine Zeitung ist blitzschnell verschwunden, und ich sitze neben ihr.

„Papa, ich habe so einen Kummer ...“ Teilnahmsvoll höre ich mir ihre Geschichte an, trockne Tränen und versuche behutsam Ratschläge zu geben.

Hinterher kommt es mir vor, als hätte mich Gott persönlich zur rechten Zeit in den Sessel gesetzt. Denn normalerweise hätte ich im Arbeitszimmer über meinen Unterlagen gebrütet.

Was mag Esther, meine Fünfzehnjährige, am liebsten? Ich glaube, ein „Käsefest“ mit Mama und Papa auf der Terrasse, ohne daß zu viele Geschwister dazwischenreden. Sie hat Glück, denn die meisten ihrer Schwestern mögen ohnehin keinen Käse. So sitzen wir bald zu dritt bei Baguette, verschiedenen Käsesorten, einem Glas Rotwein für uns und Apfelsaft für sie in der Abendsonne und reden. Sie ist eine kleine Intellektuelle und braucht es einfach ab und zu, alle möglichen Themen, die sie beschäftigen, mit uns durchzudiskutieren.

Etwa dreimal die Woche ist ein Waldlauf für mich dran, und Mirke, meine Zwölfjährige, will unbedingt dabei sein. Drahtig springt sie neben mir her und plaudert und plaudert. Ich ziehe es vor zu schweigen,

NUR NOCH 2 RUNDEN, PAPA!
PFFFFT... MARATHONLAUFEN IST WIE KINDERERZIEHUNG!
GANZ SCHÖN FLINK, DIESE JUNGEN HÜPFER!
... MAN MUß BIS ZULETZT PUSTE HABEN!

denn das Laufen ist schon anstrengend genug. Ab und zu schaffe ich ein: „Klasse!“, „Ist ja kaum zu glauben!“, oder ich stöhne: „Ich bin stolz auf dich!“

Hinterher fällt mir ein, daß mich in den vergangenen Jahren immer eine meiner Amazonen beim Laufen begleitet hat, bis ihr durch die einsetzende Pubertät die Puste ausging.

„Na, Mirke, lange werde ich dich auch nicht mehr an meiner Seite haben ...“ Nun gut, dann wird dich halt Tirza ablösen!

Tirza, meine Neunjährige, bekniet mich schon seit Tagen, ihr beim Bau eines Baumhauses zu helfen, und ich schiebe es immer vor mich hin. Endlich rappele ich mich mit schlechtem Gewissen auf. Schon nach wenigen Minuten spüre ich, wie gut es mir tut, an der frischen Luft zu sein und mal etwas ganz anderes zu machen. Die dankbaren Augen, das strahlende Lachen, die Küßchen und das Dankeschön beflügeln und entlohnen mich.

Und Marie, meine Jüngste? Eigentlich hat sie es am besten. Sie darf, wenn sie leise bleibt, bei mir im Arbeitszimmer malen, kommt mit, wenn ich zur Post oder zur Bank fahre, wo ich sie stolz als meine kleine Sekretärin vorstelle, und ist sozusagen mein täglicher Schatten. Heute abend bin ich wieder ihr Löwe, der sie röhrend auf allen Vieren die Treppe hinauf ins Bett bringt. Die frei erfundene Geschichte von der kleinen Maus und dem Affen darf nicht fehlen, genausowenig wie das Kuscheln und das Abendgebet.

Das waren einige „Highlights“ der letzten zwei Wochen mit den Kindern, die noch im Hause leben. Aber auch die anderen brauchen mich. Früher hatte ich naiverweise gedacht, mit den Jahren würde meine Familie immer kleiner und damit das Sorgen, Mitdenken und Beraten immer weniger werden. Da habe ich mich aber gehörig vertippt! Immer größer ist sie geworden: Freunde, Freundinnen, Verlobte, Ehepartner, Schwiegerverwandte, Enkel ... Da behalte mal jemand den Überblick! Aber mein zweijähriger Enkel Jair hält mich bei Laune. Neulich stellte er sich vor mich hin, schaute mich lange nachdenklich an und kam dann zu dem Urteil: „Opa, ich finde dich schön!"

Soll ich unsere Erziehungsphilosophie, so wie sie in den letzten gut zwanzig Jahre gewachsen ist, zusammenfassen, kann ich es mit einem Satz tun: Gute ERziehung gelingt am besten durch gute BEziehung!

In unserer modernen, gehetzten Gesellschaft meinen viele Erwachsene, ihre Kinder nebenbei erziehen zu können. Es gibt zwar Instant-Suppen und Instant-Kaffee, aber keine Instant-Erziehung!

Man kann auch nicht alles haben: grenzenlose Freiheiten, Geld, Karriere ... Kinder? (Für Christen muß ich hinzufügen: grenzenloser Dienst im Reich Gottes). Sie müssen sich entscheiden, denn manches schließt sich aus, zum Beispiel grenzenlose Freiheit und Kinder.

Weil manche Erwachsene das nicht wahrhaben wollen, leiden Kinder in unserer modernen Zeit unermeßlich. Sie werden der Selbstverwirklichung und Karriere geopfert und sind in der verbleibenden Zeit genervten „Resterziehern" ausgesetzt. Aufmüpfige, chaotische und unehrliche Kinder sind vielfach das Ergebnis dieser unheiligen Allianz.

Anmerkungen

[1] Jirana Prekop, *Der kleine Tyrann – Welchen Halt brauchen Kinder?* Kösel Verlag 1988, S. 107

[2] Claudia Mühlan, *Bleib ruhig, Mama! Tips zur Kleinkind-Erziehung,* Verlag Schulte & Gerth

[3] Paul W. Swets, *How to talk so your teenager will listen,* S. 54, Word Books, Texas 1988

[4] Claudia u. Eberhard Mühlan, *Is' was, Mama? Kindererziehung von der Vorschule bis zur Vorpubertät",* Verlag Schulte & Gerth

[5] Rita Kohnstamm, *Praktische Kinderpsychologie,* Verlag Hans Huber 1987, S. 137-140

[6] Reinhold Ruthe, *Elternbuch,* Verlag R. Brockhaus 1986, S. 159

[7] Fritz Rienecker, *Lexikon zur Bibel,* Verlag R. Brockhaus

[8] James Dobson, *Der christliche Familienratgeber,* Projektion J Verlag 1990, S. 134

[9] Im Mühlan-Tip 4, *„Warum gleich in die Luft gehen? Verschiedene Temperamente in der Familie",* Verlag Schulte & Gerth, wird ausführlich auf diese Thematik eingegangen.

[10] Schweizerische Ärztezeitung, Band 68, 1987, Heft 40